SABINE REBER

Meine Gärten zum Glück

Eine Liebeserklärung

Mit Bildern von Christoph Stöh Grünig

CALLWEY

Mist und Grashalme

▸............................ Wie die Sonne ins Meer sinkt und die Pracht der
Fassaden mit sich reißt, wie wir ein weiteres Mal am Markusplatz
vorbei in die Lagune hinausfahren, sage ich, das Wasser, ja, das Wasser
habe ich gesucht. Immer wieder bin ich gestrandet, sage ich, in einem
Garten nach dem anderen, ein Fisch auf dem Trockenen. Ich habe
nach Luft geschnappt, Maulwurfshände sind mir gewachsen. Und so
habe ich mich durch die Erde gepflügt, habe versucht, das Beste aus
der Situation zu machen, Gemüse zu pflanzen und Rosen. Immer
wieder habe ich von vorn angefangen, habe gebuddelt, bis ich mich
selbst nicht mehr gespürt habe.
„Sinnlose Unterfangen", sagt er, und ich nicke.
Einen Garten nach dem anderen habe ich angelegt und zurückgelassen, immer bin ich davongelaufen, weiter, immer weiter, als müsste ich
vor mir selbst davonlaufen. Und doch habe ich sie gebraucht, jeden
Einzelnen von ihnen. Die Gärten ziehen sich als roter Faden durch
mein Leben.
„Du bist in den Garten geflüchtet", sagt er, „wenn dir das Leben über
den Kopf wuchs, bist vor dir selbst geflüchtet, vor deinen Beziehungen,
hast den Kopf in die Erde gesteckt, statt deine Probleme zu lösen."
„Wenn morgen die Welt unterginge, ich würde noch einmal einen
Garten anlegen", behaupte ich.
„Ein Haus bauen, ein Kind zeugen, einen Baum pflanzen, das alte
Männerklischee ..."
„Wenigstens einen Baum pflanzen", sage ich, „eine Handvoll Blumen
säen. Jedes Samenkorn trägt neues Glück in sich."

Die immergrüne Schleifenblume (Iberis sempervirens) *ergießt ihr
Blütenpolster über eine Mauer auf den Seespiegel zu. Sie kommt selbst
in trockenen Ritzen gut zurecht.*

„Und sobald es wächst, willst du wieder gehen!"

Tatsächlich war ich jedesmal erleichtert, die bepflanzten Beete, die Gewächshäuser und Sitzplätze, die Bäume, die Kletterrosen und ja, auch die Ehemänner, mit denen ich die Häuser und Gärten bewohnte, loslassen zu können und einen Schritt weiterzugehen.

„Nun gärtnerst du allein", sagt er und greift nach meiner Hand.

„Über dich werde ich kein Buch schreiben", hatte ich am Anfang unserer Beziehung gesagt, jetzt bin ich mir nicht mehr so sicher. Wäre es vielleicht doch möglich, einen Text zu schreiben, dem nicht schon am Anfang das Ende innewohnt?

Wir biegen in den Canal Grande ein, fahren am Bahnhof vorbei, an unserem Hotel, noch eine Runde um die Stadt und noch eine.

„Aber du vermisst doch deine Gärten", insistiert er.

„Trauerst du dem Haus nach, das du für deine Familie gebaut hast?"

„Nein", sagt er, „eigentlich nicht. Aber du hast in deinen Gärten Träume realisiert!"

„Machst du das nicht mit jedem Gebäude, das du planst?"

„Ein Haus ist irgendwann fertig, und basta. Aber einen Garten stelle ich mir vor wie ein Kind, das man aufwachsen sieht, man hegt und pflegt, hätschelt und formt es und staunt immer wieder über sein Eigenleben."

„Das Wasser habe ich vermisst!", behaupte ich. „Gärten gehören einem nicht, sie fallen einem zu. Und wenn man sie wieder verliert, lernt man das zu verschmerzen."

Er nickt, sagt aber, er glaube mir das nur halbwegs.

Als ich nach acht Jahren in Irland in die Schweiz zurückkehrte, fiel mir ein Gärtchen zu, so klein wie ein fliegender Teppich. Auf den ersten Blick war er nicht als Garten zu erkennen. Drei seiner vier Wände bestanden aus rostigen Geländern und Maschendraht. Die vierte öffnete sich als Panoramafenster zum Bielersee, an dessen fernem Ufer sich die Alpen im Abendrot färbten. Linker Hand ragte die Petersinsel aus dem See, die wie ein bemoostes Tier auf dem Wasser zu schlafen schien. Der Himmel war weit dort draußen, weit und viel blauer als in der Stadt, und nachts standen klar und hell die Sternbilder über dem See. Als ich das mit Sonnenblumen und mehr-

jährigen Wicken überwucherte Fleckchen Erde zum ersten Mal
gesehen hatte, verliebte ich mich sogleich in den Ort – und blieb.
„Wegen des Gärtchens bist du nach Twann gezogen?"
„Natürlich! Erst hatte ich das Gärtchen, alles andere hat sich dann
daraus ergeben. Ja, mitunter sind es Gärten, die unser Schicksal
bestimmen. Und ein wenig bin ich auch wegen der Leute geblieben,
die mich mit ihrer offenen Herzlichkeit an die Iren erinnerten. Nach
einer Woche in Twann war ich praktisch mit dem ganzen Dorf per Du,
und wenn man etwas brauchte, dann fragte man in der Dorfbeiz oder
beim Beck, und irgendjemand kannte sicher jemanden, der eine
Lösung wusste. Genauso war das auch in Irland gewesen, und ich
fühlte mich zu Hause. Es ist vielleicht der einzige Ort, an den ich
zurückgehen würde."
„Das Paradies auf Erden, ausgerechnet in Twann?"
„Das Gärtchen am See war natürlich nicht perfekt. Die meisten Gärten
sind nicht perfekt. In meinem Rücken rauschte die Bahn, Lastwagen
donnerten vorbei, tosende Güterzüge unterbrachen minutenlang
jedes Gespräch, zwangen zum Innehalten. So stand ich dann am Zaun
und sah den endlos vorbeiziehenden Tankwagen nach, die Benzin von
der Raffinerie in Cressier Richtung Deutschschweiz brachten. Passanten warfen Abfall über den Zaun, und manchmal standen betrunkene
Touristen vor dem Tor, die sich gemeinsam mit meinem zwei Meter
hohen Holzbären Herbert ablichten lassen wollten."
„Von dem Bären hast du mir noch nie erzählt."
„Er war dreihundert Kilo schwer, ein Souvenir von einer Wanderung
im Oberland. Ich hatte ihn vor einem Landgasthof in Gündlischwand
gesehen, um seinen Hals hing ein Schild: „Alter Bär zu verkaufen." Er
tat mir leid. Gemeinsam mit Freunden karrte ich ihn nach Twann. Als
ich am nächsten Morgen ins Gärtchen kam, hing eine Papiertüte mit
einem Glas Honig an seinem Arm."
Als der Bär sich eingelebt hatte, fing ich an, das Fleckchen Land neu
zu gestalten. Als Erstes pflanzte ich einen Apfelbaum und einen
Feigenbaum. An den Zäunen entlang setzte ich romantische Kletterrosen. Dann machte ich mich daran, Hochbeete zu zimmern. Kleine,
quadratische Kästen, die ich mit Gemüse bepflanzte. Im ersten

Sommer half ich noch mit Feuerbohnen, Glockenreben und himmel-
blauen Trichterwinden nach. Ich behauptete gerne, ich würde im
Garten arbeiten, und verschwand dann in dem blühenden Dickicht.
Niemand brauchte zu wissen, dass ich mich oft mit einem Buch auf
den Bootssteg setzte und las, bis die Sonne unterging.
„Und Irland?", fragt mein Liebster, „wolltest du nie zurück? Dort hast
du immerhin acht Jahre gelebt."
Direkt nach meiner Rückkehr in die Schweiz hat mir das Meer sehr
gefehlt. Und die Freunde auch, ja, die Freunde habe ich vermisst. Es
hatte so lange gedauert, bis ich mich endlich entschieden hatte,
Donegal zu verlassen. Ein Teil von mir wollte weg aus Irland, und ein
Teil von mir hielt umso stärker am Garten fest. Ich hatte versucht zu
gehen und gleichzeitig neue Rosen gepflanzt. Ich hatte Visitenkarten
und Broschüren gedruckt und mich „Garden Consultant" genannt.
Ich hatte die Gärten anderer Leute designt und geplant, den Sommer
über bei mir im Garten Kurse abzuhalten. Die Lokalzeitung hatte
meinem Geschäft eine ganze Seite gewidmet, und die Anfragen hatten
sich gehäuft.
Derweil war mein Leben vollends aus den Fugen geraten. Es ging
nicht mehr. Ich verkaufte und verschenkte Pflanzen. Kostbarkeiten
schaffte ich ins Gewächshaus einer Freundin, vertraute meine
Schneeglöckchensammlung einer anderen Freundin zum Hüten an,
verschickte Samen von Kräutern und Blumen, die mir lieb geworden
waren. Im März überlegte ich, ob ich meine Saatkartoffeln noch
pflanzen sollte. Ich hatte eine alte blaue Sorte, die ich seit Jahren
hegte, sowie franz-ösische *Rattes*, die besten aller Kartoffeln. Sie waren
einfach viel zu schade, um sie vergammeln zu lassen, also steckte ich
sie in die Erde. Ich räumte das Gewächshaus auf und versuchte, mir
einen Überblick über meine Töpfe zu verschaffen – es waren an die
tausend. Alles, was ich wieder aus Samen ziehen konnte, und alles, was
mir nie gefallen hatte, warf ich weg. Danach waren immer noch einige
hundert Töpfe übrig.
Ende Mai packte ich meine Siebensachen in Kisten. Draußen nahmen
die Rosenknospen Farbe an. Am Zaun blühte die gelbe Rose *Canary
Bird*, und *Mme Caroline Testout* zeigte erste frivole Rüschen. Ich streifte

Blattläuse von ihren Knospen, fuhr mit dem Finger über die pelzigen Blätter des *Rhododendron falconeri*, der im vergangenen Jahr ordentlich zugelegt hatte. Ich naschte von der jungen Petersilie und vom japanischen Senf, probierte die ersten Zuckererbsen. Ich überprüfte die Stützen der Rittersporne. Ein letztes Mal ließ ich die fruchtbare dunkle Erde durch meine Hände rieseln. Wie viele Traktorladungen Mist und Lauberde hatte ich eingegraben, wie viele reife Komposthaufen in die Beete geschaufelt! Ich dachte an die zahlreichen Blasen an meinen Händen und daran, wie oft mich der Hexenschuss heimgesucht hatte. Die Schwertlilien, um deren Gedeihen ich jahrelang gerungen und deretwegen ich schubkarrenweise Kies unter die feuchte Erde gemischt hatte, blühten zu diesem Zeitpunkt in ihrer ganzen Pracht. Der Scheinmohn aus dem Himalaja erstrahlte blauer denn je.

Ich verließ mein grünes Paradies, als es seinen Zenit erreicht hatte: die Hecken schulterhohe Wände, die Alten Rosen stattliche Büsche. Die Stämme der Papierbirken färbten sich in diesem Jahr weiß, ihr Laub zog sich als zarter Vorhang vor die Bluestack Mountains. Auch die gemischten Staudenbeete zeigten sich von ihrer besten Seite: Türkenmohn, Lupinen, die Tränenden Herzen, alles, alles blühte in den Tagen vor meiner Abreise. Es kam mir vor, als wüssten die Blumen, dass ich im Begriff war, sie zu verlassen, und als versuchten sie, mich mit allen Kräften umzustimmen.

Am ersten Juni fuhr ich frühmorgens mit dem Taxi zum Flughafen von Belfast. Zum ersten Mal hatte ich keine einzige Pflanze und keine Samentütchen im Gepäck. Die ersten beiden Wochen in der Schweiz schien ich zu schweben – ohne Mann und Haus und Garten fühlte ich mich frei und leicht. Die Tage lagen leer und weit vor mir, Wochen, Monate, mein Leben fortan ohne Aufgabe und Ziel und nichts, was gesät und gegossen und umsorgt werden musste. Nachts schreckte ich aus dem Schlaf, weil ich von wuchernden Wicken und Brombeerfeldern geträumt hatte, die bis zum Horizont reichten, von fleischfressenden Schlingpflanzen, Mangrovensümpfen, einmal tauchten sogar Krokodile auf. Und die Hecken rückten näher, die Wege wurden schmaler. Bald gäbe es kein Durchkommen mehr.

Zwei Wochen nach meiner Abreise kehrte ich mit einem gemieteten Lieferwagen nach Donegal zurück, um meine Bücher und Kleider und wenigstens einige Pflanzen zu holen. Ich wünschte mir Regen, Mücken, einen Hagelsturm. Alle Übel wären mir recht gewesen, um den Abschied von meinem irischen Garten zu mildern. Und tatsächlich war mir das Wetter gnädig – grau in grau, mit leichtem Nieselregen, die Luft absolut windstill.

Die zartgelbe *Graham-Thomas-Rose* öffnete ihre Blüten, als ich meinen Garten ein letztes Mal betrat. An den Knospen von Großvaters Edelrosen klebten Blattläuse, ihr glänzendes Laub war bereits von Rost befallen. *Constance Spry*, die Rose mit der perfektesten, ebenmäßig gefüllten Blütenform und dem geheimnisvollen Myrrheparfüm, hob ihre schweren Köpfe über den Bretterzaun und rahmte den Gemüsegarten ein. Die Zuckererbsen waren bereits zu groß, der Rhabarber aufgeschossen, der Salat von den Schnecken gefressen. Den Winterkohl hatten Nachbarn geholt. Hornveilchen, Schnittlauch und Vergissmeinnicht wuchsen auf den Kieswegen. Meine Dschungelträume wurden zwar nicht übertroffen, aber ich staunte doch, wie weit die Beete nach nur zwei Wochen schon überwuchert waren.

Hahnenfuß, Löwenzahn und Gräser drängten sich um meine Stauden. Die Madonnenlilien wurden von Spitzwegerich belästigt, wilde Wicken machten sich daran, meine heiß geliebte Bourbonrose *Mme Isaac Pereire* zu erwürgen. Vom verwilderten Feld des Nachbarn rankten Brombeeren herüber. Unter ihrem Schutz würde sich der wilde Stechginster ausbreiten. Bald würden die hartnäckigen Binsen wieder auftauchen, denen ich über die Jahre mit so viel Mühe zu Leibe gerückt war. Und eines Tags würden Hunderte versamter Erlen dem Himmel entgegenwachsen.

Als alle Kisten im Lieferwagen verstaut waren und ich eine letzte Runde durch den Garten machte, sah ich, dass sich an einem der

Die Bartiris (Iris × germanica) Orange Harvest *leuchtet mit ihren rotgoldenen Blüten dem Frühsommerhimmel entgegen.*

Rosa-Mundi-Büsche eine Blüte geöffnet hatte, als wollte sich meine Lieblingsrose von mir verabschieden. Die gestreifte Rarität *Tricolore de Flandre* jedoch werde ich wohl nie blühen sehen – ich hatte sie erst im vorhergehenden Herbst auftreiben können. Ihre Knospen waren noch geschlossen, als ich ging. Dafür blühte die seltene Orchidee *Dactylorhiza braunii*, die mir die Gärtnerin Helen Dillon aus Dublin geschenkt hatte. Ich wagte es nicht, sie kurz vor der Blüte auszugraben. Auch die gelben Baumpäonien konnte ich nicht mitnehmen, sie waren schon zu groß. Der legendären *Paeonia mlokosewitschii* habe ich etliche Tränen nachgeweint, zumal sie endlich eine stattliche Größe erreicht und üppig geblüht hatte. Von manchen Pflanzen kann man nicht einfach eine neue kaufen, zu sehr ist ihre Geschichte mit einem Garten und den Menschen verbunden, die sie einem geschenkt haben. Meine gelbe Baumpäonie hatten liebe Gartenfreunde selber vermehrt. Aber sie war nun definitiv zu groß, um sie auszubuddeln. Den schwarzen Storchenschnabel *Geranium phaeum* musste ich ebenfalls zurücklassen, genauso wie den *Anne-Folkard*-Storchschnabel mit seinen violetten Blüten und dem schwarzen Auge, der sich durch Staudenbeete und Alte Rosen wob und sie mit seinen dunklen Blüten ankerte.

Im Gemüsegarten blieb ein immergrüner mehrjähriger Kohl aus dem Garten eines irischen Bauern zurück, ebenso wie die *Miss-Perry*-Äpfel, eine alte Sorte aus Schottland, die mir die Mutter einer Freundin geschenkt hatte. Auch von der *Dierama* und den dunkelroten Astrantien aus Jonathan Shackletons Lakeview-Garten musste ich mich verabschieden. All die Pflanzen, die mir liebe Menschen geschenkt hatten oder die ich aus berühmten Gärten stibitzt, aus Samen und Stecklingen vermehrt und mit viel Aufwand gezogen hatte – sie alle haben ihre Geschichten, und ich ließ mit ihnen auch einen Teil meines Lebens zurück.

Auf dem Fenstersims meines B&B-Zimmers in Donegal stand dann noch ein Rosenstrauß: Als Andenken hatte ich *Constance Spry*, die gestreifte, nach Zitronen duftende *Ferdinand Pichard*, die dunkelrote *Chianti* und die persische *Rose de Resht* ausgewählt. Sie alle erfüllten das Zimmer mit ihrem herrlichen Duft und mich mit Wehmut. Mein

Blick fiel auf die nassen Turnschuhe, die auf der Heizung lagen und an denen noch Mist und Grashalme klebten. Im Lieferwagen kämpften zwei Dutzend Duftgeranien und Steingartenpflanzen in Kisten ums Überleben. Ein letztes Mal kratzte ich die reiche schwarze Erde unter meinen Fingernägeln hervor. ◄

In den Wind geschrieben

▶............................ „Mein Leben habe ich auf Sand gebaut", sage ich,
„dabei hatte ich doch bloß ans Wasser gewollt."
„Kein Meer ohne Sand", sagt er.
„Man hätte auch auf Fels bauen können."
„Siehst du hier irgendwo Klippen?"
Er deutet aus den beschlagenen Scheiben des Vaporetto, auf die
jemand mit dem Finger ein Smiley gezeichnet hat.
„Schiefe Fassaden überall, schiefe Straßen, schiefe Türme", sage ich,
„wie uns alles wegbricht, es gibt kein Halten mehr. Am Ende gehen wir
alle dorthin zurück, wo wir hergekommen sind. Amphibien, aus dem
Meer gekrochen. Wir werden verschwinden mitsamt unseren Städten,
wer redet dann noch von Gärten?"
In Irland bewohnten wir ein altes Steinhaus mit meterdicken Mauern,
da war gar nichts auf Sand gebaut. Es war in den Wind geschrieben,
eine stürmische Zeit, von Anfang an.
Mitunter glaubte ich, unter unserem Dach lebe ein wildes Tier. Sein
Herzschlag erschütterte die Holzdiele. Ich stellte mir die scharfen, vor
Hunger gebleckten Zähne vor. Sein Knurren erschütterte die Balken.
Tiefe Atemzüge verwehten unsere Vorhänge, das Tier stöhnte und
rasselte und hustete, als hätte es Wasser in seinen Riesenlungen. Ich
fröstelte in seinem Atem. Die mysteriöse Kreatur spuckte und gurgelte
– hatte sich ein Seeungeheuer in unserem Wassertank eingenistet?
Der Wind rüttelte an den Ziegeln, an der Aluminiumverkleidung des
Dachfensters in meinem Arbeitsstübchen. Er trug Meerluft bis in die
Hügel von Donegal hinauf.

Die frostempfindlichen Bohnen und Trichterwinden werden im Frühjahr
unter Glas vorgezogen. Eine alte Fischerboje aus Irland bringt ihnen Glück.

Am nächsten Morgen meinten wir, in dicken Nebel hinauszublicken:
Ein Vorhang aus Salz hatte sich über alle Fenster gelegt. Das Wasser
klatschte gegen die Mauern, Regentropfen rollten an den Fenstern
hinunter, gruben Linien in die Salzschicht. Auch die Regentropfen
schmeckten salzig und schwer. Beinahe wog ihr Gewicht die Tränen
auf, die ich als Kind vergossen hatte, wenn ich sehnsüchtig an die
sieben Weltmeere dachte. Und jedes Mal versagte die Fantasie bei
dem Versuch, mir die Unendlichkeit hinter den aquamarinblauen
Horizonten auf den Urlaubsbildern anderer Leute auszumalen.
„Noch eine Runde mit dem Vaporetto?“, fragt er.
Ich nicke, obwohl mir kalt ist. Aneinandergeschmiegt stehen wir an
der Reling. Mit Paketen beladene Italienerinnen quetschen sich an
uns vorbei, drängen in die Wärme. Ein eleganter Herr, das Gesicht wie
von Michelangelo in Stein gemeißelt, diskutiert lauthals am Handy
seine Eheprobleme, in gepflegtestem Italienisch erklärt er seiner
Liebsten, warum dieses und jenes nun überhaupt nicht mehr gehe,
würzt den Sermon mit sorgfältig ausgewählten Kraftausdrücken, seine
Stimme wird lauter, aber sogar sein Aufbrausen ist Teil einer wohlbe-
herrschten Dramaturgie.
„Italiener sollte man sein“, sage ich, „die streiten so schön!“
„Jeder Satz wie aus einer Arie von Verdi“, sagt er, „amore mio.“
„Wetten, die gehen gleich ins Bett, wenn er heimkommt.“
Touristen drängen sich zur Reling vor, blitzen in die Dunkelheit,
steigen bei der nächsten Haltestelle wieder aus. Wassertaxis kreuzen
unseren Weg, eine Ambulanz, ein Polizeiboot, die Fassaden der Paläste
reflektieren das Blaulicht. In der Lagune beginnt es zu dämmern, wir
erkennen den Abendstern. Und irgendwann, in der Dunkelheit, fährt
ein Kreuzfahrtschiff auf uns zu, ein Ungetüm mit hundert Fensterau-
gen, hell erleuchtet, die Passagiere an Deck wie mit der Schere ausge-
schnitten vor dem schwarzen Himmel. Das Schiff bewegt sich an uns
vorbei, gezogen und gestoßen von Lotsenschiffen, unser Vaporetto
tanzt in den Wellen. Wasser, o Wasser!
Die Sehnsucht nach dem Meer war es, die mich seit jeher umgetrieben
hat. Wie die meisten Binnenländer habe ich versucht, sein Fehlen
durch diffuse Träume und imaginäre Wunschvorstellungen wettzu-

machen. Mein idealer Wohnort liegt am Meer. Tiefblaues, klares Wasser, weiße Sandstrände, Palmen vor dem Haus. So sieht das Paradies aus. Es war nicht zuletzt der Traum vom Leben nahe der Atlantikküste, der mich in den Neunzigerjahren nach Donegal gezogen hat. Wie gern tauschte ich das ewig gleiche trostlose Grau der Schweiz gegen Gewitter, Stürme, Gischt, Regenbogen!

Im Kopf Erinnerungen an unsere Ferienreisen durch Irland, das Herz randvoll mit Wünschen und Träumen und Illusionen – so machten mein damaliger Mann und ich uns im Herbst 1996 auf, im Land der Dichter und Geschichtenerzähler Fuß zu fassen. Vier Kubikmeter Bücher, ein Tisch, eine Kommode und ein Stuhl wurden verschifft. Bilder und Kleider stopften wir in unseren alten Volvo. Den zusammengewürfelten Hausrat verschenkten wir, ein paar Möbel verkauften wir an Bekannte. Meine Pflanzen gab ich ebenfalls weiter: zwei Terrakottakästen mit Petersilie, Schnittlauch und Basilikum. Einen Orangenbaum, der jahrelang neben meinem Schreibtisch gestanden und Früchte gebildet hatte, und den Gummibaum, den ich seit meiner Jugend von einer Wohnung in die nächste geschleppt hatte. Am Ende war er drei Meter hoch und ebenso breit, es dauerte Wochen, bis ich jemanden gefunden hatte, der ein ausreichend großes Zimmer hatte, um ihn aufzunehmen. Erst dann waren wir bereit zu gehen.

An einem freundlichen Oktobermorgen fuhren wir mit dem alten Volvo die Dorfstraße meines Schweizer Wohnorts hinunter und dann immer weiter Richtung Norden. Im Radio hörten wir Berichte über den Hurrikan „Lilly", der angeblich über dem Atlantik aufzog. Aber von einem Sturm würden wir uns gewiss nicht aufhalten lassen. Zwei Tage lang fuhren wir nordwärts, bis wir die französische Atlantikküste erreichten. Was machte das bisschen Wind schon aus, in den Nachrichten übertreiben sie wieder einmal.

Hurrikan „Lilly" tobte noch immer, als wir schließlich Le Havre erreichten, die Wellen schlugen weit über die Strandpromenade, die Windböen fegten dermaßen heftig durch die Straßen, dass wir kaum stehen konnten. Tagelang hielt der Sturm an. Das Auto vollbepackt mit allem, was uns wertvoll war, saßen wir in Le Havre fest. Mehrmals am Tag kämpften wir uns durch den tosenden Wind zum Parkplatz und

vergewisserten uns, dass keine Scheibe eingeschlagen und nichts
gestohlen worden war.

Als erste Fähre verließ Le Havre die irische „St. Killian", auf der wir
unsere Kabine gebucht hatten. Zu Beginn des Abendessens vom
Selbstbedienungsbüfett mochten die meisten Passagiere noch lachen
– kaum einem gelang es, mit vollem Suppenteller an seinen Tisch
zurückzukehren. Beim Hauptgang wurden die ersten Gäste bleich,
beim Dessert brauchten wir nicht mehr anzustehen. Die Wellen
schlugen über die Bullaugen hoch; in einem Unterseeboot hätten wir
auch nicht mehr Wasser gesehen.

Nach achtundzwanzig Stunden Überfahrt bei schwerem Seegang fing
der Fernseher in unserer Kajüte die ersten irischen Bilder auf. Die
sprichwörtliche Grüne Insel erschien uns als undefinierbare graue
Masse: Der Nebel hing in so dicken Schwaden darüber, als wäre sie
schwerer zu erreichen als das sagenumwobene Feenland Tirnanog. Es
hätte uns nicht einmal verwundert, wenn uns im Hafen von Rosslare
Petrus persönlich in Empfang genommen hätte.

Am Ufer standen Zöllner, die uns eine sichere Fahrt wünschten. Daran
war nicht zu denken. Die Nebelschwaden entpuppten sich aus der
Nähe betrachtet als dichter Regen. Inzwischen war es so dunkel, dass
wir nicht einmal die Straße ausmachen konnten. Statt der neuen
Heimat sahen wir nur die beschlagenen Fenster unseres bis unter die
Decke vollgestopften Volvos. Wie gern wären wir in derselben Nacht
zu unserem neuen Haus gefahren – Nachrichten über die Zerstörun-
gen von „Lilly" hatten uns die letzten Tage über begleitet. Was, wenn
das Haus eingestürzt war, wenn die Wurzeln der Erlen dem Sturm
nicht standgehalten hatten? Was, wenn das Dach weggeflogen war?
Unser erster Eindruck von Irland war, dass der Boden schwankte.
Die nasse Erde wurde von unsichtbarer Hand unter unseren Füßen
weggezogen. Jetzt, da ich mich auf festem Land befand, wurde mir vom

*Im feuchten irischen Klima wuchs der Rhabarber bald zu einem
grünen Meer heran.*

Seegang übel. An der Bar des nächstbesten Hotels fiel mir auf, dass ich
nicht die Einzige war, die sich am Tresen festhielt wie an einer Reling.
Als wir am zweiten November Donegal erreichten, war unser Haus
intakt. Die über hundertjährigen Steinmauern tropften vor Nässe,
aber kein einziger Ziegel fehlte.

Brennnesseln, Binsen und Brombeeren hatten den ehemaligen
Pausenplatz überwuchert. Dieser triefende, windgepeitschte Dschungel konnte doch nicht derselbe Ort sein, den wir im August zum
ersten Mal gesehen hatten. Das ehemalige Schulgebäude aus dem
Jahre 1891 war das hundertste Haus, das wir besichtigten. Wir hatten
uns vorgenommen, dass es das Letzte sein sollte. Danach würden wir
unsere Suche abbrechen und in der Schweiz bleiben.

Ganz allein stand das Schulhaus oben auf einem Hügel. Jahrhundertelang war es das Zentrum einer Streusiedlung gewesen, früher gab es
noch einen kleinen Laden im Nachbarhaus, das etwa einen halben
Kilometer entfernt lag. Als dann in den Siebzigerjahren des zwanzigs-
ten Jahrhunderts die Schulbusse eingeführt wurden, verwahrlosten
diese abgelegenen Landschulhäuser. Einige wurden zu Wohnhäusern
umgebaut.

Der damalige Besitzer, ein Tasmanier mit karottenroten Haaren, hatte
auf einem Steinmäuerchen neben dem Hauseingang gesessen und auf
der Gitarre geklimpert. Er trug Shorts, und seine weiße Haut war von
der Sonne verbrannt. In jenem Sommer war es außergewöhnlich
trocken gewesen, und es gab keine Mücken – ein Jahrhundertsommer,
wie sich später herausstellen sollte, und mitnichten der Normalzustand.
An der Böschung jenseits der Straße blühten verwilderte Montbretien.
Wie tropische Vögel leuchteten ihre Blütenrispen aus dem schilfarti-
gen Laub hervor. Gelegentlich fuhr ein Traktor mit Heu vorbei, ansonsten hörten wir nur ein Zwitschern und Zirpen und fernes Quaken.
Ich wünschte mir einen Esel, Esel wären gute Freunde, hatte ich
gelesen. Mein Esel würde im Schatten der alten Erlen stehen. Vierzehn
von ihnen säumten das Grundstück zu beiden Seiten. Bei unserer
Ankunft im November waren die Bäume kahl. Erst jetzt wurde mir
bewusst, dass jemand sie vor Jahren geköpft haben musste, Moder fraß
sich von den Stummeln abwärts. Im August hatten die Kronen der

Erlen dichtes Laub getragen, und es wäre mir nicht im Traum eingefallen, dass jemand so grausam zu Bäumen sein könnte. Später stellte sich heraus, dass die Erlen von einem Nachbarn abgesägt worden waren. Der pensionierte Father Cassidy, der als Erster in dem alten Schulhaus gewohnt hatte, fürchtete im Whiskeydelirium, die Bäume würden ihm auf den Kopf fallen. Er hatte das Gebäude damals in den Siebzigerjahren für ein paar hundert Pfund gekauft und es notdürftig renoviert. Immerhin richtete er zwei Gästezimmer ein, weil gelegentlich Nonnen auf Besuch kamen. Waren keine Gäste im Haus, ließ er abends die Außenlichter brennen, dann wussten die Nachbarn, dass Father Cassidy nicht alleine trinken wollte.

Im Dezember nahmen die Stürme zu. Der Wind rüttelte an den Ziegeln der Dachluke, wo ich mein Schreibstübchen eingerichtet hatte. Das Geknarre unter dem Dach erinnerte mich an die stürmische Atlantiküberfahrt. Aber in unserer Kajüte an Bord der „St. Killian" hatten wir immer dann, wenn das Schiff in ein Wellental sackte, einen Blick auf das Rettungsboot unter der Luke werfen können. Hier in meinem Stübchen aber gab es nur den Wind und das alte Schieferdach, von dem ich mir einredete, dass es, wenn es schon Jahrhunderte überdauert hatte, auch ein weiteres Unwetter überleben werde.

Unser Dach sollte noch zwei Jahre den Stürmen standhalten. Dann flog es eines Nachts einfach weg. Als sich der Sturm wieder gelegt hatte, sah ich von meinem Schreibtisch aus die Sterne am Firmament blitzen, klar und ruhig zog sich die Milchstraße durch den Nachthimmel, als ob nichts geschehen wäre.

Die Stürme hielten oft tagelang an. Die Schafe standen ungerührt und ohne eine Miene zu verziehen im Regen und fraßen, als ob das Wetter in ihrem Leben keine Rolle spielte. Die Erlen warfen ihre Äste gegen die Fenster, streuten büschelweise kleine braune Zapfen über den Kiesplatz. Stießen wir eine der drei Haustüren auf, riss der Wind sie uns aus der Hand. Vor den Schwellen bildeten sich Wasserlachen. Sie fraßen sich in den Teppichboden, weichten die Holzdielen auf. Es roch nach Moder. Wir legten zusammengerollte Decken vor die Eingänge. Dann kauften wir ein Thermometer und hängten es in der Küche auf. Die Quecksilbersäule sank auf zwölf Grad und blieb

den ganzen Winter über dort stehen. In Wollpullover gehüllt saßen
wir am Küchentisch und sahen den Wasserflecken an der Decke zu,
wie sie immer größer wurden.

Auch die Lache auf dem Teppich vor der vierten Außentür, die vom
Schlafzimmer auf den Dachbalkon führte, wuchs mit jedem Regentag.
Die Tür ließ sich mit keiner Kraftanstrengung mehr öffnen. Ihre
morschen Bretter waren aufgequollen und wurden nur noch von
Moos zusammengehalten. Der Wind pfiff durch die Ritzen, und wir
vernagelten die Tür mit einem Stück Teppich. Hinaustreten konnte
man auch bei schönem Wetter nicht, da die Stützbalken des Flach-
dachs schon so weit verrottet waren, dass sie das Gewicht eines
Menschen nicht mehr tragen würden – der Vorbesitzer hatte uns
freundlicherweise auf diese Gefahr aufmerksam gemacht.

In unserem Schlafzimmer blieb es so kalt, dass wir es vermieden,
auch dort ein Thermometer aufzuhängen. Wir machten Witze über
das Liebesleben der Eskimos – in einem Iglu wäre es bestimmt
gemütlicher gewesen.

Das Rauschen der Erlen und das Plätschern des Regens begleiteten
mich durch unseren ersten Winter in Donegal. Anfangs gefiel mir das
Wasser, und ich spitzte die Ohren und lauschte seinen Geräuschen.
Ich entdeckte, wie vielfältig die Stille sein kann. Und wie absolut die
Nacht war. Wenige Tage nach unserer Ankunft fuhren wir über den
Pass nach Ballybofey, um in einem der wenigen Hotels, die im Winter
geöffnet waren, zu Abend zu essen. Es regnete in Strömen, und wir
hatten Schwierigkeiten, die Straße zu sehen, geschweige denn, den
Heimweg zu finden. Wir begriffen, wie absolut die Dunkelheit auf
dem Lande ist. Die schwarzen Nächte warfen uns auf uns selbst
zurück. Im besten Fall wachte der Sternenhimmel über uns, und wir
staunten über die Klarheit der Milchstraße, die sich über unseren
Köpfen bog, zählten Sternschnuppen. Sie waren zahlreich, wie unsere
Wünsche.

Wir waren noch keine Woche in Donegal, als der Strom zum ersten
Mal ausfiel: Am Sonntagmorgen, und kaum hatten wir es bemerkt,
klingelte es schon an der Tür. Nachbarin Margret stellte sich vor und
lud uns zum Frühstück ein. Sie wusste, dass im Schulhaus ohne Strom

weder Heizung noch Kochherd funktionieren würden, sie aber heizte und kochte mit Torf. Überhaupt halfen uns die Nachbarn, wo sie konnten. Jimmy machte den Kamin auf, Gerard versorgte uns mit Torf und Fisch, und seine Tochter Colette brachte mir die ersten englischen Sätze bei. Ich sprach kaum ein Wort Englisch, als wir nach Irland auswanderten. Da wir sonst nichts zu bieten hatten, verschenkten wir Schweizer Schokolade.

Sobald Wind und Regen nachließen, stieg ich in die Gummistiefel, die der Vorbesitzer zurückgelassen hatte, und watete über das Grundstück, das nun unser Land war: hundert Meter lang, dreißig Meter breit. Ein Acre schien mir riesengroß zu sein. Aber unser Flecken Land war völlig überwachsen. Wie braune Inseln ragten die Binsen aus dem winterlichen Dickicht. Unter dem Geflecht aus Brombeerranken fand ich Hahnenfuß, der seine zähen, weißen Fadenwurzeln in die Tiefen des staunassen Bodens hinabschickte.

Immer wieder ging ich das Land ab, mit einer Zigarette in der Hand und einer Wollmütze auf dem Kopf, und versuchte zu begreifen, was ich hier eigentlich wollte: Ich hatte mich an den Rand der Welt katapultiert, ohne mir dabei allzu viele Gedanken zu machen. Die Grenze zu Nordirland war nur wenige Kilometer vom Haus entfernt, in den ersten Jahren standen noch militärische Wachposten an der Straße unten, gelegentlich kreiste ein Hubschrauber der britischen Armee über den Hügeln. Im Nordosten erhoben sich die Bluestack Mountains, die bei jedem Wetter eine andere Farbe hatten, gegenüber sahen wir in der Ferne die Ausläufer des Tafelbergs Ben Bulben.

Wir bewohnten eines der letzten Häuser vor der Baumgrenze, der Weißdorn stand windschief und duckte sich vor den Stürmen. Nur der Stechginster und die Rhododendren, die vor über zweihundert Jahren aus dem Himalaja hergebracht und seitdem verwildert waren, gediehen üppig. Auch die aus alten englischen Gärten entwischten Magellan-Fuchsien und die Montbretien – im Winter wogten sie wie braunes Schilf am Fuß der Hecken – hatten sich ausgebreitet.

Nach Weihnachten schenkten uns Freunde ihren Tannenbaum im Topf. Ich pflanzte ihn zwischen zwei junge Kastanien, und weil er mit seinen grünen Nadeln gut aussah, besorgte ich im Ausverkauf noch zwei weitere Weihnachtsbäume. Die drei Tannen standen nun in einer Reihe vor unserem Wohnzimmerfenster und trotzten dem Nordwind. Ich wollte, dass sie Fuß fassten; sie sollten mir zeigen, wie man in dieser kargen Gegend heimisch wird und Wurzeln schlägt. Jeden Morgen schaute ich aus dem Fenster und bildete mir ein, die Tannen wüchsen.

Den ganzen Januar über sprach ich von dem Esel, den ich mir zum Geburtstag wünschte. Einen Garten anzulegen, hatte ich damals gar nicht geplant. Ich würde ein paar Kräuter und Blumen in Töpfen ziehen, wie ich es immer gemacht hatte, hie und da einen Busch oder einen Baum pflanzen, das würde genügen. Die Wiese gehörte dem Esel. Also bat ich meinen Mann, den Schuppen hinter dem Haus, der zu Schulzeiten als Toilette gedient hatte, zu einem Stall umzubauen. Den Rasenmäher, der darin aufbewahrt wurde, wollte ich verschenken. Wir würden unseren Esel Yeats taufen, und er wäre unser bester Freund. Doch vorerst umgaben uns Schafe. Sie standen vor allen Fenstern, musterten uns mit ihren gelben Augen. Manchmal sagten sie etwas, das wir aber nicht verstanden. Nie wurden sie deswegen ärgerlich, und den Appetit verderben ließen sie sich durch unsere Anwesenheit erst recht nicht: zu saftig waren die Wiesen rund ums Haus. Es konnte hageln, schneien oder wie aus Kübeln gießen – die Schafe ließen sich nicht aus der Ruhe bringen. Gelassen sah auch ich dem launischen Wetter ins Auge, zumindest am Anfang.

Obwohl uns die Stürme geläutert haben müssten und die salzigen Winde das Meer bis zu uns hinaufgetragen hatten, fuhren wir im ersten Winter beim dünnsten Sonnenstrahl an den Strand, um spazieren zu gehen. Wir sammelten Seeigel, Muscheln und Krebspanzer, trugen Bojen und zerrissene Fischernetze nach Hause – was von den Schafbauern in unserer Nachbarschaft mit einem Kopfschütteln quittiert wurde: Müll schleppen sie heim und dekorieren Haus und Garten damit! Als könnten sie sich keine Plastikblumenarrangements und Betonspringbrunnen leisten, die Schweizer! Wir kletterten sogar auf das Dach, um einen Blick auf die Bucht zu erhaschen.

Weil es sonst nicht viel Ablenkung gab, kochte ich im ersten Winter ausgiebig. Zu den ersten Wörtern, die ich auf Englisch lernte, gehörten die Namen der exotischen Gewürze, von denen es dank der geografischen Nähe zu England eine große Auswahl gab. Mithilfe des Wörterbuchs übersetzte ich ein indisches Kochbuch, das uns die Vorbesitzer dagelassen hatten. Bald kannte ich alle erhältlichen Kräuter und Gewürze, und ich lernte diejenigen zu benennen, die im Laden nicht zu bekommen waren: frischer Koriander und Bockshornklee sowie frischer Dill. Mein Mann vermisste vor allem Basilikum. Mitten in diesem ersten Winter klaubte ich einen grünen Kern aus einer Zitrone und steckte ihn in einen mit Erde gefüllten Joghurtbecher, die ich aus dem Topf einer mickrigen Zimmerpflanze der Vorbesitzer kratzte.

Mit Wörterbuch las ich auch englische Zeitungen, Berge von englischen Zeitungen. Eines verregneten Sonntags blieb ich bei der Gartenkolumne der „Sunday Times" hängen. Die Fotos waren fantastisch. Und was Gartendesigner Dan Pearson da erzählte, hatte nichts mit dem mir aus der Schweiz bekannten Schrebergartenmief zu tun, da kamen keine gekärcherten Betonplattenwege, keine Ligusterhecken und Knallerbensträucher vor, nein, in den Gärten, von denen hier die Rede war, blühten spektakuläre Pflanzen, von denen ich noch nie gehört hatte, und es gab Möbel und Accessoires für ein junges, trendiges Publikum. Hier ging es um Lifestyle, um Kreativität und um Lebensfreude. Ich durchforstete eine Zeitung nach der anderen, und jede hatte mindestens eine Gartenseite, die diesen Namen verdiente. Ich las und las, staunte. Um mich war es geschehen, aber ich hatte keine Ahnung, wo ich anfangen sollte.

Im März wurden die Tage spürbar länger. Die dicken Wollpullover juckten und nervten allmählich. Wir wollten uns entpuppen wie Schmetterlinge, endlich Sonne auf der Haut spüren. Langsam wurden die Tage länger. Frühmorgens um fünf hörten wir die Esel auf dem Land des Nachbarn rufen. Stechginster hüllte die umliegenden Hügel in seinen gelben, nach Kokosnuss und Vanille duftenden Blütenflor. In der Küche des Nachbarn wurden die kleinsten Lämmer mit der Flasche aufgepäppelt. Kräftigere Lämmer blökten in den Wiesen, und im Unterholz balzten die Fasane. Ihr Krächzen klang wie das Quietschen der rostzerfressenen Angeln unserer Gartenschuppentür. Die

noch kahlen Äste der Erlen knackten leise im Wind. Ansonsten war es
so ruhig, dass ich von fern Frösche quaken hörte oder unsere Katzen,
wenn sie im unteren Stockwerk an der Tür miauten.

In unserem ersten Frühling in Donegal hatten wir eine solche Freude
an den Lämmern, dass wir sechs davon, mitsamt ihren drei Mutter-
schafen, bei uns aufnahmen. Dabei haben wir einiges gelernt: Lämmer
sind zappelig. Sie haben spitze Hufe, mit denen sie wild um sich
schlagen. Bereits nach wenigen Wochen sind sie so schwer, dass man
sie nicht mehr herumtragen kann. Als Schmusetiere sind sie denkbar
ungeeignet. Dazu kommt, dass die irischen Schafe in ein Ungeziefer-
mittel getaucht werden, das so stark ist, dass die Büsche, an denen sie
ihr juckendes Fell reiben, von dem Gift eingehen. Wolle klebte an den
Knospen unserer jungen Kastanien, die das nicht überlebten. Eine
frisch gepflanzte Trauerweide fraßen die Schafe bis auf den Stamm ab.
Fortan ließen wir die blökenden Vierbeiner in Ruhe.

Stattdessen träumte ich von einem Boot. Ich studierte die Anglerseite
in der Lokalzeitung und kaufte mir Ruten und Köder. Mit einem
Nachbarn fuhr ich zu den Bergseen hinauf und fing meine erste
Forelle. Ich schlug sie tot, aber es ekelte mich, sie auszunehmen.
Gebraten jedoch schmeckte sie ausgezeichnet. Danach fing ich nichts
mehr. Schwärme von Mücken fielen über mich her, sobald ich mich
dem Wasser näherte. Angelte ich in der Bucht, fraßen mir Kormorane
und Seehunde die Fische vor den Augen weg. Derweil türmten sich im
Supermarkt Hummer, Austern, rote und grüne Speisealgen und Berge
von Lachsen. Überall lag der Geschmack von Salz in der Luft, und der
erste Rost fraß sich ins Auto hinein.

In den Schuhen und den Taschen der Wachsjacke knirschte der Sand.
Das Meer wurde alltäglich und mitunter banal. Jedesmal, wenn wir
über die Dünen kletterten, erstreckte sich vor unseren Augen das
Wasser und gab je nach Gezeiten mehr oder weniger vom Sandstrand

*Fliederblüten hüllen jeden Garten in sanfte Duftwolken. Mit etwas Geschick
lassen sich die Sträucher aus Steckhölzern selber ziehen.*

preis. Langsam verlor sich mein Interesse am Meer, und ich wandte
mich wie meine Nachbarinnen der Gartenkolumne des „Donegal
Democrat" zu.

Drei Wochen nach dem Abzug der Schafe war die Wiese wieder
kniehoch, und die Binsen, Brennnesseln und Brombeeren wucherten
wie eh und je. Der Nachbarsjunge half uns mit der Motorsense.
Tagelang haben wir gearbeitet, geschnitten und gerecht und versucht,
das Dickicht zu entfilzen. Ich habe mit den alten Skihandschuhen aus
der Schweiz Brombeeren und Brennnesseln ausgerissen. Dabei kam
haufenweise Müll zum Vorschein: Plastik von einem Gewächshaus,
das der Priester oben auf dem Flachdach erbaut und das der Wind
zerfetzt hatte, Glasscherben, Whiskeyflaschen, Plastiktüten, rostiger
Stacheldraht, eine tönerne Tabakpfeife, Tintenfässchen aus der
Schulzeit. Nachdem wir das Dickicht gemäht hatten, war alles braun,
weil unter dem Filz praktisch kein Gras mehr gedeihen konnte. Einen
Monat später war alles wieder zugewachsen.

Und dann kippten die drei Weihnachtstannen eines schönen Morgens wie auf Kommando alle gleichzeitig um. Die Raupen der Schnaken hatten ihre Wurzeln abgefressen. Drei hässliche Pflanzlöcher
blieben zurück, etwas anderes musste her. Ich sah mich in den Nach-
barsgärten um und staunte, was in der rauen Gegend alles wuchs:
meterhoher Neuseeland-Flachs und Palmen, die sich später, als ich
mich mit den botanischen Begriffen vertraut machte, als australische
Keulenlilien herausstellten, ganze Felder mit Riesenrhabarber (Gun-
nera), Spargel, Artischocken und Feigen. Die Nachbarn beteuerten mir,
es dauere „bloß" etwa fünf Jahre, bis ein neuer Garten einigermaßen
gut aussehe, bis aus den Stecklingen ansehnliche Büsche gewachsen
seien, bis die Hecken dichte grüne Wände gebildet und die Bäume
Fuß gefasst hätten. Hecken, Bäume, Büsche – das klang gut, aber wie
machte man das nur, und wo zum Teufel sollte ich anfangen?

Erst einmal brauchte ich drei Pflanzen, um die Weihnachtsbäume zu
ersetzen. Ich kaufte japanische Azaleen, die im Gartencenter so schön
bunt blühten. Als die salzigen Winde ihnen den Garaus gemacht
hatten, ersetzte ich sie durch Apfelbäume, weil Monty Don im „Obser-
ver" gerade eine Kolumne über seine Apfelbäume geschrieben hatte.

Und als auch diese dem Wind zum Opfer gefallen waren, ersetzte ich sie durch Birken, die bei Dan Pearson vorkamen.

Inzwischen hatte ich es mir zur Gewohnheit gemacht, am Sonntagmorgen als Erstes die Gartenkolumnen zu lesen, und irgendwann las ich den Rest der enormen Zeitungsberge überhaupt nicht mehr. Im Haus hielt ich es nicht mehr lange aus, der Garten wurde zu meinem eigentlichen Zuhause. Abends verkroch ich mich mit einem Stapel Gartenlektüre. Da die Kolumnen nur in den Wochenendausgaben erschienen, wandte ich mich alsbald den Gartenbüchern zu. Und davon gibt es im angelsächsischen Raum bekanntlich sehr viele und sehr gute. Während es draußen regnete und stürmte, las und lernte ich. Die große Pflanzenenzyklopädie der Royal Horticultural Society wurde zu meiner Bibel. Ich las alles von Christopher Lloyd, Graham Thomas, Beth Chatto. Ich studierte die Rosenbücher von David Austin und Peter Beales. Gertrude Jekyll und Vita Sackville-West kannte ich bald so gut, als wäre ich ihnen im wirklichen Gartenleben begegnet. Während die vom Atlantik aufziehenden Stürme in meinem Garten in unregelmäßigen Abständen jegliches Pflanzenleben flachlegten, las ich über die hohe Kunst der Staudenbeete, begeisterte mich für die Pflanzenjäger der Vergangenheit und vertiefte mich in die Finessen der englischen Rosenzucht.

Derweil fraß ein Hase die wenigen Osterglocken, die der Priester gepflanzt haben musste. Die Hasen waren im ersten Frühling so frech, dass sie sogar vor unseren Augen auf dem Kiesplatz stehen blieben. ....◄

Warum die Schweizer so dünn waren

▸............................. In den schiefen Gässchen hängen Wäscheleinen mit tropfendem Bettzeug. Hier und dort sehen wir kleine Gärten mit Artischocken, Chicoréesalaten und Rucola. Immer wieder verirren wir uns in Sackgassen, stehen vor einem Kanal, an dem der gepflasterte Weg abrupt abbricht.

„Frohe Weihnachten", sage ich, „hier riecht's nach Frühling!"

„Wir sollten in den Süden ziehen", sagt er.

Ich nicke. Das hatte ich auch im Sinn gehabt, schon damals, Italien, Frankreich, ans Meer, in die Wärme. Mein erster Mann wollte nach Irland, und weil ich keine konkreten Pläne entgegenzusetzen hatte, redete ich mir ein, allzu kalt würde es an der Atlantikküste ja nicht werden, Hauptsache, wir zogen ans Meer.

„Und dann bist du im Garten gelandet!"

Sobald die Tage länger wurden, ließ mir das Dickicht hinter dem Haus keine Ruhe mehr. Während ich an meinem ersten Roman schrieb, schweifte mein Blick immer wieder aus dem Fenster, und ich stellte mir vor, auf dem alten Schulhof Gemüse und Rosen zu ziehen und unseren Fleck Erde in eine blühende Oase zu verwandeln. Aber ich besaß weder Geld noch Erfahrung – nur Zeit hatte ich im Überfluss. So holte ich einen Spaten und die kleine Schaufel, die der Vorbesitzer dagelassen hatte, aus dem Schuppen. Zögerlich stach ich das rostige Schaufelblatt in die Erde, die erstaunlich weich war und nachgab, sobald ich den Grasfilz durchschnitten hatte. Ich hob einige Ziegel heraus und entdeckte die schwarze Erde darunter. Sie sah fast genauso aus wie der Blumenkompost, den ich in der Schweiz immer gekauft

Auf den Teller kommt, was die Gartenbeete hergeben, zum Beispiel milde grüne Peperoni einer Freundin.

hatte, um meinen Gummibaum umzutopfen. Ich fasste das als gutes Zeichen auf. Mit mehr Elan schaufelte ich weiter, grub drei Quadratmeter Wiese um und schichtete die Grasziegel zu einem Wall auf. Allerdings war die fruchtbare Erde nicht so krümelig wie der gekaufte Gartenkompost, sondern nass und kompakt. Ich grub erst einmal alles um, damit ein wenig Luft hineinkam – und auf meinen Handflächen wuchsen golfballgroße Blasen.

Es wäre natürlich einfacher gewesen, einen Bagger zu bestellen und alles auf einmal umgraben zu lassen. Aber damals empfand ich die harte physische Arbeit als sinnvoll. Ich hatte mich nie für besonders kräftig gehalten. Während ich kleinere Felsbrocken aus dem Boden hievte, entdeckte ich, dass ich viel mehr schaffen konnte, als ich mir selber je zugetraut hatte.

Da ich anfangs kaum Kraft in den Armen hatte und vom Graben mit dem Spaten Rückenschmerzen bekam, stach ich die ersten Beete kniend und nur mit einer kleinen Handschaufel um. Das hatte den Vorteil, dass ich den Boden von Nahem betrachten und dabei schon einiges über seine Bewohner lernen konnte. Insbesondere die Schnakenlarven, die wegen ihres speckig-braunen Aussehens in Irland „Leatherjackets" (Lederjacken) genannt werden, sollten mir noch zu schaffen machen.

Doch erst einmal buddelte ich unbeirrt weiter. Es war gut, mit eigener Kraft Erdhaufen, Rasenziegel und Steine zu verschieben. Zudem verspürte ich das kindliche Bedürfnis, mich einzusauen, barfuß und in Shorts in den Beeten stehend, im Dreck kniend, bis zu den Ellbogen braun. Ich mochte den Geruch von Humus, von feuchten Blättern und Erde.

Stück für Stück, Quadratmeter um Quadratmeter arbeitete ich mich durch die Wiese vor. Ich grub den Boden um, ohne müde zu werden, stundenlang, Tag für Tag, den ganzen Sommer und Herbst über arbeitete ich am Gemüsegarten. Wie ein Maulwurf pflügte ich mich durch die Erde. Dabei versuchte ich, immer nur den nächsten Fleck Gras zu sehen, sonst wäre es mir wie eine nie zu bewältigende Aufgabe vorgekommen. Die meiste Zeit grub ich immer noch kniend, um meinen Rücken zu schonen. So konnte ich die Unkrautwurzeln besser entfernen, und ich lernte die Würmer und Käfer kennen, die in unserem Boden lebten. Erst abends stand ich auf und betrachtete unser Grundstück wieder als Ganzes, wie es sich langsam in einen Garten verwandelte.

Während der Graberei in den Gemüsebeeten war ich immer nahe am Hexenschuss; ich habe so viele Kessel mit Grasnarben weggeschleppt, so viel Kompost und Mist herbeigetragen, Steine ausgebuddelt und als Umrandung um die Beete geschichtet und später haufenweise Kies auf die Wege verteilt. Meine Hände sahen schlimm aus, obwohl ich, um mich vor rostigem Stacheldraht und den vielen Glasscherben im Boden zu schützen, meistens Handschuhe getragen habe: die Fingernägel abgebrochen und von der Klauberei gespalten, die Haut rissig, zerkratzt und trocken. Wenn es dunkel wurde, ging ich ins Haus, warf die erdverkrustete Hose in die Badewanne, schrubbte mir die Hände. Mein Gesicht war oft zerstochen und zerkratzt, und von den Ellbogen meiner Faserpelzjacke bröckelten Erdkrümel in die Salatschüssel.

Am nächsten Tag grub ich unbeirrt weiter. Die mühsame Handarbeit gab mir Zeit, um nachzudenken. Wenn man auswandert, bezahlt man einen hohen Preis und erwartet dafür, dass alles gut, ja perfekt werden wird. Obwohl ich eigentlich nicht an das Schicksal als solches glaube, erwartete ich, dass es meinen Mut belohnen würde. Als Auswanderer fragt man sich immer wieder, wie es wäre, wenn man nicht in die Fremde gegangen wäre. Menschen, die schon immer an einem Ort gelebt haben, denken dagegen kaum darüber nach, ob es ihnen da gefällt oder nicht. Ich dachte nach – und grub. Nicht dass ich darob zu irgendwelchen Schlüssen gekommen wäre.

Erst einmal säte ich Kopfsalat und Radieschen und pflanzte je eine Schale beim Gärtner gekaufter Kohl- und Rosenkohlsetzlinge. Dann streute ich in meinem neu gefundenen gärtnerischen Übermut zwei Packungen mit gemischten Sommerblumen, die der Vorbesitzer in einer Schublade zurückgelassen hatte, in die Wiese – und wunderte mich später, dass daraus nichts wurde. Dabei hätte ich es durchaus besser wissen müssen, ich komme schließlich aus einer Hobbygärtnerfamilie. In Großmutters Küche hingen Porzellanteller der städtischen Verschönerungsaktion „Bern in Blumen", die schon meine Urgroßmutter gewonnen hatte. Meinerseits hatte ich als Teenager einschlägige Erfahrungen mit dem Ziehen von Hanfpflanzen gesammelt. Ich hätte tatsächlich allerhand wissen müssen, als ich meinen eigenen Garten anzulegen begann. Aber statt vernünftig zu sein und erst mit kleinen Schritten zu beginnen, beschloss ich, mein Gärtnerglück mit größeren Projekten zu versuchen: Bäume mussten her, Büsche, Rosen.

Entlang der Hausmauer legte ich ein paar Beete an und rahmte sie mit Steinplatten ein, die schmalen Wege dazwischen wurden mit dem Kies bedeckt, den wir zuvor weggeschaufelt hatten. Ich pflanzte meine selbstgezogenen Kräuter aus und kaufte Salbei und einen Lorbeerbaum dazu. Eine Bekannte schnitt mir kleine bewurzelte Stücke von ihrem Gewürzfenchel und Maggikraut, gab mir Minze und Melisse. In die Lücken pflanzte ich Kohl-, Rosenkohl- und Salatsetzlinge, säte Kapuzinerkresse, Puffbohnen und Karotten.

Obwohl die lehmige Erde, die vor dem Haus aufgeschüttet worden war, nicht ideal war, gedieh alles und wurde viel schneller groß, als ich erwartet hatte. Dem Schnittsalat konnten wir bald problemlos zu Leibe rücken, er schmeckte gut. Der Lattich stand zu eng, die Pflänzchen wurden lang und bleich. Und die Karotten standen so dicht, dass sie gar keine Wurzeln bilden konnten: Ich hatte eine ganze Samentüte über eines der kleinen Quadrate gestreut. Meine Karotten sorgten im Sommer allerdings für Aufregung, weil sie über Nacht orange leuchtende Blüten bildeten und die ganze Nachbarschaft in Staunen versetzten. Die Nachbarsfrau rief sogar in der Gartensendung des Lokalradios an, um davon zu berichten. Erst Jahre später fand ich heraus, dass es kalifornischer Mohn war, der sich unter die Karottensamen gemischt haben musste.

Fenchel und Maggikraut drohten bereits nach Wochen den jungen Rosmarinbusch und den buntlaubigen Salbei zu ersticken. Und die Minze hätte ich keinesfalls aufs Beet pflanzen dürfen. Sie wucherte wie kaum ein anderes Kraut und legte dank des feucht-milden Wetters pro Monat bis zu einem halben Meter zu – in jeder Richtung! Schließlich karrte ich die Minze in eine schattige Hausecke, wo sie sich die nächsten Jahre ausbreiten durfte – bis mein Mann beschloss, auch dort mit dem Rasenmäher die Runde zu machen.

Aus den kleinen Beeten an der Hauswand wurde bald ein reines Kräutergärtchen. Die niederen Kräuter wie Rasenkamille, Thymian und Korsische Minze hielten dem Wind am besten stand, ich wollte an dieser prominenten Stelle vor dem Haus etwas, das auch im Winter grün sein würde. Im Frühling säte ich jeweils die Samen von essbaren Blüten aus, um Farbe für den Sommer hinzuzufügen: Ringelblumen, Hornveilchen und kleinwüchsige Kapuzinerkresse – die buntlaubigen Sorten wuchern am wenigsten. Auch einige Taglilien pflanzte ich später dazu, deren Knospen je nach Sorte entweder nach Feigen oder aber nach Knoblauch schmecken. Später folgte die violett blühende *Agastache anisata*, eine koreanische Minze, die mehrjährig ist, aber nicht wuchert.

Später unterteilte ich die viereckigen Beete in kleinere Bereiche, und die vielen schmalen Kieswege wurden zum Katzenlabyrinth. Jedenfalls zeigten sich unsere Haustiger von den verwinkelten Pfaden begeistert. Lolly, Pop und Nachwuchs waren sowieso vom Kräutergärtchen sehr angetan; immer wieder pflügten sie die Erde mit ihren Samtpfoten um. Sie gruben alles aus, was ich pflanzte, und beschlossen, inmitten der Kräuter sei fortan ihr Klo. Ich probierte diverse Mittel aus, um sie fernzuhalten, vergeblich. Schließlich steckte ich Bögen aus Stacheldraht in die frische Erde und streute zur Sicherheit noch trockene Stechpalmenblätter dazwischen. Auch die Abfälle vom Rosenschneiden und andere dornige Zweige lassen sich zu diesem Zweck gebrauchen.

Und dann wollte ich Tomaten ziehen, jawohl: Tomaten! Wenn wir schon nicht im Süden lebten, dann würde ich sie dem rauen Klima eben abtrotzen. Wohl kaum ein Gewächs stachelt den Ehrgeiz der Hobbygärtner derart an wie Tomaten. Meine Tante erntete in einem guten Jahr so viele, dass sie mir im Herbst ein Glas mit selbstgemachtem Ketchup zukommen ließ. Als ob ich mich nicht sowieso schon meiner eigenen Tomaten schämen würde, die grün blieben und verfaulten, wenn sie nicht schon vorher von den Blattläusen und anderer Unbill zur Strecke gebracht worden waren.

Allerdings war ich wild entschlossen, im Herbst mein eigenes Ketchup in alle Welt zu verschicken, und ließ nichts unversucht, um

entsprechend viele reife Früchte ernten zu können. Aus alten Fensterscheiben, die ich bei den Nachbarn aus dem Fluss fischte, baute ich ein Glashaus, was mir zu meinem eigenen Erstaunen mit viel Kitt und Schrauben und ohne größere Zwischenfälle gelang. Ich malte die Fensterrahmen grün an, und das improvisierte Tomatenhaus sah so hübsch aus, dass ich beschloss, daneben eine Rose zu pflanzen, die an der Hausmauer emporranken sollte. Ich wählte die dunkelrote *Dublin Bay* – einer der ersten Rosennamen, den ich mir merkte – und erstand auch gleich ein Klettergerüst aus Holz, das hinter der jungen Rose an der Mauer befestigt werden sollte. Wir hatten jedoch nicht bedacht, dass die massiven Steinquader, aus denen das Haus gebaut war, größtenteils aus Granit bestanden und dass sich dieser nicht einfach so mit einer kleinen Handbohrmaschine durchlöchern ließ. Mein Mann bohrte und fluchte, bis eines der Mädchen aus der Nachbarschaft plötzlich neben ihm stand und sagte, er solle sich keine Sorgen machen, sie werde gleich ihren Vater zu Hilfe holen.

„Bist du wahnsinnig?", rief mein Mann. „Ich will doch gar kein Loch bohren!"

Hastig beseitigte er alle Spuren seiner diesbezüglichen Anstrengungen, bevor die Situation noch peinlicher werden konnte. Ich riss die soeben eingesetzte Rose aus dem Boden und grub unterhalb eines Weißdorns ein neues Loch, in das ich sie dann pflanzte. Anschließend strichen wir den Kiesbelag wieder glatt, und als der Nachbar auftauchte, saßen wir mit unschuldigen Mienen auf der Küchentreppe und schauten den Schmetterlingen zu, die sich am blühenden Thymian labten.

Die Tomaten wuchsen auch ohne die Nachbarschaft der roten Rose, sie blühten und bildeten sogar Früchte. Kurz bevor sie reiften, stürzte das improvisierte Treibhaus aus unerklärlichen Gründen ein und zerquetschte sämtliche Früchte – und ich wandte mich vorerst Ge-

Kiloschwere Ochsenherztomaten (Cuore di Bue) eignen sich bestens für Sugo und hausgemachtes Ketchup.

müsesorten zu, die erfolgversprechender waren. Buschbohnen und
Erbsen zum Beispiel gedeihen fast überall und ohne allzu große
Anstrengungen.

Durch diese ersten Erfolge beflügelt, geriet ich in einen regelrechten
Gartenwahn. In der unteren linken Ecke des Grundstücks, so weit vom
Haus entfernt wie möglich, legte ich in meinem ersten irischen
Frühsommer mitten in der gemähten Wiese sechs große Gemüsebeete
an. Ich hob die Grassoden weg und schichtete sie zu kniehohen
Mauern um die Beete herum auf. Die Wege bestanden zu dem Zeitpunkt noch aus Wiese, und in sie hinein verpflanzte ich die Setzlinge,
die im Kräutergärtchen zu Hunderten dicht an dicht standen, weil ich
davon ausgegangen war, dass nur ein Bruchteil der Samen keimen
würde – doch die Qualität des Saatguts ist im Allgemeinen so gut, dass
man jeweils nur wenige Samen auszustreuen braucht.

Zu den Setzlingen gesellten sich Schalotten und Zwiebeln, die mir ein
Nachbar schenkte, die zu groß gewordenen Kräuter und eine Reihe
Erdbeeren, deren Ableger ich ebenfalls geschenkt bekam. Eine gärt-
nernde Bekannte gab mir einen Sack Rhabarberwurzeln. Deren
handtuchgroße Blätter sollten noch im selben Sommer ein ganzes
Beet in Anspruch nehmen. Ich säte Kamille und noch mehr Kapuzi-
nerkresse, die zwischen Kohlköpfen und Rosenkohl bald jeden freien
Quadratzentimeter zuwucherte. Entlang der Erdwälle pflanzte ich
Dahlien und säte Ringelblumen. Wir begannen diese behelfsmäßigen
Beete mitten in der Wiese als „Küchengarten" zu bezeichnen, und das
umgegrabene Fleckchen Land verwandelte sich innerhalb kürzester
Zeit in einen Dschungel aus Gemüse, Kräutern und Blumen.

Nach dem Essen blätterte ich manchmal in englischen Gartenzeit-
schriften und wunderte mich. In allen Hochglanzheftchen waren
junge Frauen abgebildet, die Make-up trugen und aussahen, als kämen
sie direkt vom Friseur. Natürlich arbeiteten sie in Gärten, die so
perfekt aussahen, wie meiner nie sein würde. Vielleicht gaben sie
auch nur vor, Gartenarbeiten zu erledigen, und ihre Gärten waren in
Wirklichkeit dermaßen perfekt, dass man gar nichts zu tun brauchte!
Immer lächelten sie – denn in perfekten Gärten gibt es weder Blasen
noch Rückenschmerzen und wohl auch keine Mücken. Was mich aber

am meisten erstaunte, waren die Nahaufnahmen dieser Frauen, wenn sie Setzlinge oder frisch geschnittene Rosen in die Kamera hielten. Ihre Hände waren nämlich immer rosig und sauber und ihre Fingernägel wunderschön manikürt. Zu gern hätte ich gewusst, wie sie das anstellten. Die Männer in den Gartenheftchen hingegen durften sich offenbar durchaus schmutzig machen.

Aber die Pflanzen gediehen, und mit ihnen der Gemüsegarten – ich brauchte also mehr Platz. Im Herbst kam eine weitere Reihe mit Beeten dazu. Entlang der Erdwälle pflanzte ich Liguster. Den oberen Teil des Gemüsegartens bedeckte ich mit schwarzer Plastikfolie, damit das Gras verschwand. In die Folie schnitt ich kreisrunde Löcher, in die ich Apfelbäume und Johannisbeersträucher pflanzte. Schon nach einem Jahr musste ich beide herausnehmen, weil zu wenig Platz für das Gemüse blieb. Inzwischen wollte ich möglichst viele verschiedene Sorten ausprobieren, und für die Küche brauchten wir von allem beachtliche Mengen: eine Reihe Spinat reichte gerade mal für eine Mahlzeit.

Noch bevor die Beete fertig angelegt waren, hatte ich plötzlich zweihundert Kopfsalate auf einmal im Gemüsegarten. Ich begann sie ins Café von Freunden zu bringen, dafür durfte ich gelegentlich gratis essen. Auch für die Nachbarn blieb noch viel Salat übrig, die sich über diese Geschenke jedoch wunderten. Joan bemerkte eines Tages, ihr Kaninchen möge die Karotten lieber als den Salat. Das Grünfutter selbst zu essen, wäre ihr nicht in den Sinn gekommen – Gemüse aus dem Garten sei unhygienisch, erklärte sie mir einmal. Sie glaubte, dass Nahrungsmittel grundsätzlich nur bekömmlich seien, wenn sie aus der Fritteuse kommen.

Dabei ist es noch gar nicht so lange her, dass die Iren hauptsächlich aßen, was auf ihren Feldern und in ihren Gärten gedieh: Kartoffeln, Kohl, Karotten und Petersilie. Mit Lammfleisch gemischt wird daraus „Irish Stew" – ein Gericht, das heute nur noch in Touristenfallen-Kneipen erhältlich ist. Zu Recht, denn der Eintopf schmeckt mir nicht besonders gut. Jedenfalls nicht im Vergleich zu den vielfältigen italienischen, französischen und indischen Spezialitäten, die in irischen Supermärkten und Restaurants seit einigen Jahren angeboten wurden.

Ich erinnere mich an ein besonders „authentisches" Irish Stew, das
mir eine gälisch sprechende Professorin aus Dublin einmal zubereite-
te. Wie in den „guten alten Zeiten" verwendete sie praktisch nur aus
Fett bestehendes, ranzig riechendes Lammfleisch. Der dicke Kater der
Familie hat mich an jenem Abend gerettet. Ich konnte ihn diskret
anlocken und davon überzeugen, dass er auf meinen Schoß springen
und es sich schmecken lassen solle. Prompt fischte er ein Stück Fett
von meinem Teller und verschwand damit. Und ich hatte einen
respektablen Grund, um das Essen unappetitlich zu nennen.
Manch hochbetagter Ire schwärmte von der guten alten Zeit, als man
noch seine eigenen Kartoffeln anbaute – in ferner Erinnerung konnte
man offenbar sogar Hunger und Armut verklären, zumal diese Zeiten
nun, da Irland damals für kurze Zeit scheinbar eines der reichsten
Länder in der EU war, sehr, sehr weit zurückzuliegen schienen. Aber
die mittlere Generation, die sich an die harten Zeiten noch besser
erinnerte, wollte mit solcher Verklärung nichts zu tun haben. Karotten,
Kohl und Lammfleisch aßen nur noch die Alten. Und Kartoffeln gab es
im Zeitalter der Fritteuse ausschließlich in Form von Pommes frites.
Die Nachbarsmädchen leisteten mir gelegentlich Gesellschaft, wenn
ich in meinem Gemüsegarten arbeitete, und sie wunderten sich.
Für sie kam das Essen immer aus dem Supermarkt, und seit sie sich
erinnern konnten, gab es stets genug davon. Wozu ich Salat pflanzte?
Um ihn zu essen. Was das komische weiße Ding da sei? Blumenkohl.
Ob man das etwa essen könne? In meinem Küchengarten könne man
alles essen, auch die Blumen, antwortete ich. Dazu sei ein Küchengarten schließlich da. Ob wir so arm seien, wollten die Mädchen daraufhin wissen, und ob wir nie einkaufen gingen. Meine Antwort verwirrte sie noch mehr: Im Supermarkt würden wir nur Katzenfutter und
Wein kaufen. Und als ich die reifen Brombeeren in den Hecken ihrer
Eltern pflückte und ihnen schließlich welche anbot, waren die Mäd-

Manche Kartoffelsorten blühen ausgesprochen hübsch. Hier eine alte
Schweizer Varietät aus dem Wallis, die Rote Lötschentaler.

chen vollends konsterniert. Dass diese armen Schweizer sogar wilde
Beeren essen mussten!

Die Nachbarin verblüffte mich eines Tages, indem sie wie beiläufig
sagte, morgen fahre sie nach Island. I am going to Iceland, sagte sie auf
Englisch, und ich war mir sicher, dass ich sie richtig verstanden hatte.
Das ist ja toll, schwärmte ich, da möchte ich auch gern mal hin! Wenn
es nur nicht so teuer wäre.

Meine Reaktion schien sie sehr zu erstaunen: Wieso teuer? Dort ist
alles viel billiger als in Donegal. Komm doch einfach mit!

Und ich erwiderte ungläubig: Einfach so nach Island? Gleich morgen?
Was ist mit den Flugtickets? Kann mein Mann auch mitkommen?

In Gedanken war ich schon dabei, die Koffer zu packen. Ihr Mann
würde nie zum Einkaufen mitfahren, sagte die Nachbarin daraufhin,
das sei doch Frauensache. Und nun dämmerte es mir. Mit „Iceland"
meinte sie nicht Island, sie meinte die gleichnamige Filiale einer
Warenhauskette in der eine Stunde entfernten Stadt Letterkenny.
Dieser Laden hat sich auf Tiefkühlprodukte spezialisiert: Fischstäb-
chen, Pommes frites, Hamburger.

„Was ist, kommst du mit?", fragte sie noch einmal.

Wir hatten jedoch weder Fritteuse noch Mikrowelle.

Sie schenkte mir einen bedauernden Blick.

„Ich habe Zeit, um selber zu kochen, und außerdem schmeckt uns
frisch zubereitetes Essen besser", erklärte ich ihr.

Und wieder erntete ich einen dieser ungläubig-mitleidigen Blicke,
den die Mädchen so gut beherrschten. Diesmal ersparte ich ihr
meinen Vortrag über gesunde Ernährung. Wir hatten das Thema
bereits diskutiert, als ihre siebzehnjährige Tochter mit einem Magen-
geschwür im Spital lag. Und ihre dreizehnjährige Tochter litt an
Übergewicht, weshalb die Nachbarn sich gefragt hatten, warum die
Schweizer bloß so dünn seien.

Trotz heftigen Kopfschüttelns aus der Nachbarschaft vergrößerte ich
den Küchengarten. In den provisorischen Beeten gedieh das Gemüse
prima. Auf dem offenen Stück Land, das jahrhundertelang eine wilde
Wiese gewesen war, lernte ich allerdings die Tücken der irischen
Schnecken kennen. Die einzelnen Viecher sahen zwar genau gleich

aus wie überall sonst auf der Welt, aber ihre Anzahl erstaunte mich doch immer wieder. Nach jedem Regen fielen Heerscharen von grauen, gelben und gepunkteten Wegschnecken über meine Jungpflanzen her, derweil sich die kleinen Ackerschnecken in die Tiefe aufmachten, um Gänge in meine Kartoffeln zu fressen.

Anfangs hatte ich noch versucht, sie in Bierfallen zu fangen. Eine irische Kollegin hatte diesbezügliche Versuche angestellt und war dabei zu dem Schluss gekommen, dass Schnecken das nahrhafte Guinness jedem hellen Bier vorziehen. Also schenkte auch ich in meinen Schneckenkneipen – ebenerdig im Boden eingelassene Joghurtbecher – nur Starkbier aus. Dabei stieß ich aber auf zwei Probleme: Man brauchte für viele Schnecken viele Kneipen mit entsprechend viel Bier, denn wo ihre Kollegen ertrunken waren, verging den übrigen bald der Durst. Zweitens gingen die irischen Schnecken auch dann auf Fresstour, wenn es in Strömen regnete. Verdünntes Bier aber mochten sie nicht. Also tranken wir unser Guinness lieber selber.

Es grauste mich davor, mit dem Küchenmesser durch den Garten zu wandern und die Tiere entzweizuschneiden. Sie mit Salz zu bestreuen schien mir noch brutaler als der immerhin schnelle Tod mit der Küchenmesserguillotine. Die viel gelobten biologischen Methoden der Bekämpfung, etwa mithilfe von Nematoden, funktionierten in allzu nassem Boden nicht, weil sich diese natürlichen, mikroskopisch kleinen Feinde der Schnecken darin nicht fortbewegen konnten. Und die Schnecken fraßen sowieso bis zum bitteren Ende weiter, sodass der Salat längst verschwunden war, bevor sie den Nematoden erlagen.

Die tierfreundliche Alternative, die hungrigen Schnecken zu sammeln und im Wald, im Park, im Zoo oder in Nachbars Garten auszusetzen, taugte auch nur in der Theorie. Denn sie schienen den Rückweg immer zu finden. Also sammelte ich sie eimerweise ein und übergoss sie mit kochendem Wasser, um die Brühe danach auf den Komposthaufen zu schütten. Aber wie viele Schnecken ich auch einsammelte, es schienen nie weniger zu werden. Einzig im Kräutergärtchen tauchten dank dem Kies und den Steinmäuerchen um die einzelnen Beete herum kaum mehr Schnecken auf.

Sobald die ersten Kohlpflanzen größer wurden, besuchten auch die
Raupen der Kohlweißlinge meinen Gemüsegarten, und zwar so
zahlreich, dass die ganzen Kohlköpfe bald schwarz-weiß gesprenkelt
aussahen. Sobald das Beet geräumt war, verschwanden auch die
Raupen, unbemerkt und schnell, wie sie gekommen waren. Später
fand ich heraus, dass Petersilie neben dem Kohl die Schmetterlinge
verwirrte: Sie legten offenbar keine Eier, wenn es nicht nach Kohl
roch. Auch Tomatenblätter, die man unter die Kohlköpfe platzierte,
zeigten diese Wirkung. Seither wuchs der Kohl ungestört.

Als wir nach Irland auswanderten, hatte ich keinen Moment an das
feuchte, milde Sommerwetter gedacht. Und ich hatte nie in meinem
Leben vorgehabt, im größeren Stil Gemüse anzubauen. Aber dank des
günstigen Klimas gediehen die Saaten in Rekordgeschwindigkeit, und
die Setzlinge wuchsen innerhalb kürzester Zeit heran. Es hatte wenig
Sinn, sich über das Wetter aufzuregen – es war besser, damit zu leben,
als sich dagegen zu sträuben. Der häufige Regen war ein Segen für
meine Pflanzen, und die stete Feuchtigkeit machte viele meiner
Fehler wieder gut. Ich wunderte mich, wie einfach mir die Gartenarbeit von der Hand ging und dass Salat und Blumen beinahe von
selbst wuchsen.

Mein Englisch war inzwischen passabel, und auch mit den lateinischen Pflanzennamen war ich nun recht gut vertraut. Jedenfalls
wusste ich, was ich wollte. Immer öfter suchte ich die Gartencenter
der Umgebung auf, und ich verschwendete viel Geld für Pflanzen, die
schon bald wieder spurlos verschwunden waren. Dabei nahm ich mir
jedesmal vor, nur das Nötigste zu kaufen, ja, ich erstellte sogar Ein-
kaufszettel: eine Reihe Kohlsetzlinge, Johannisbeerbüsche, eine Schale
Tagetes, zwei rote Azaleen für die beiden Steintöpfe auf der Treppe –
ein streunendes Schaf hatte die bestehenden Pflanzen gefressen –, ein
großer Sack Saaterde, eine Handschaufel, weil bei der ersten bereits
der Stiel abgebrochen war. Meine Vorsätze waren durchweg pragma-
tisch und vernünftig. Aber dann verbrachte ich ganze Nachmittage
zwischen blühenden Kamelien, knospenden Fliederbäumen und
Rosen mit nackten, kurzgeschnittenen Ästen, die eine begehrenswer-
ter als die andere, lauter Verheißungen auf einen bunten, duftenden

Sommer. Und wenn ich dann abends mit vollbepacktem Auto heim-
fuhr, verrenkte ich mir fast den Hals, um zwischen den Blättern von
meterhohen Rhododendren, zwischen Obstbäumen und Büschen
einen Blick aus dem Rückfenster werfen zu können. Durch duftenden
Lavendel und die Äste japanischer Kirschbäume hindurch suchte ich
nach der Kupplung. Bei jedem Schlagloch knallte der Kofferraumde-
ckel auf neue Terrakottatöpfe, Fensterkästen oder halbe Whiskeyfässer.
Immer wenn ich meine „Beute" aus dem alten Volvo auf den Kiesplatz
hievte, fragte ich mich, wo das alles Platz finden sollte. So groß war ein
Acre dann auch wieder nicht, musste ich bald einsehen. Vor allem die
immer wieder neuen Rhododendren und Azaleen, deren leuchtenden
Farben ich nicht widerstehen konnte, bereiteten mir einiges Kopfzer-
brechen. Außerhalb ihrer atemberaubenden Blütezeit nahmen sie mit
ihrer undurchdringlichen Blättermasse sehr viel Platz in Anspruch.
Fast alle meine Pflanzen mussten irgendwann umziehen, die meisten
mehrmals. Die Bäume haben das teilweise überlebt. Ein roter Ahorn
musste insgesamt vier Mal den Platz wechseln, bis er endlich in Ruhe
anwachsen durfte. Allerdings habe ich dank meines anfänglichen
Dilettantismus zwei Birnbäume, eine große japanische Zierkirsche,
eine Sternmagnolie und unzählige Apfelbäume auf dem Gewissen.
Nacheinander haben mein Onkel, mein Vater und meine Großmutter
ihre Witze darüber gemacht, wie ich versuchte, die jungen Apfelbäume zu erziehen, indem ich ihren Kronen eine hübsche Kugelform
verpasste.
Anfangs geschah das ständige Umpflanzen eher instinktiv, aber mit
der Zeit wurde mir klar, dass ich jedesmal, wenn ein Umzug gelang,
Mut schöpfte, dass es auch mir gelingen würde, eines Tages in der
neuen Heimat Fuß zu fassen. Immer wieder stellte ich um, gruppierte
die Pflanzen neu. Gärtnern ist eine ständige Suche nach dem perfekten Moment, in dem alles richtig aussieht: ein flüchtiger Blick ins
Paradies, bevor der Wind die Idylle wieder zerzaust, bevor die jungen
Triebe aus den Dimensionen herauswachsen, die Blumen verblühen
oder eingehen. Des Gärtners Paradies ist von kurzer Dauer.
Ich behandelte die Pflanzen wie Möbel, die mit mehr oder weniger
Kraftanstrengung verschoben und versetzt werden können. Aber es ist

besser, offensichtliche Standortfehler gleich zu korrigieren, statt die
Gewächse am falschen Ort noch größer werden zu lassen. Etliche
Kandidaten habe ich x-mal umgesetzt, weil mir auch nach mehrmali-
gem Verpflanzen noch nicht klar war, wie groß sie tatsächlich werden
würden.

Und dann hatte ich die Idee, ein Gewächshaus zu bauen. Ja, ein
richtiges begehbares Gewächshaus, eins aus Metall und Glas, mit
verzierten Giebeln, wie ich sie in der Werbung englischer Gartenheftchen bewunderte, ein echtes viktorianisches Gewächshaus. Die Idee
wurde zur Obsession, doch das Budget reichte nur für ein ganz
gewöhnliches kleines Treibhaus mit Aluminium-Profilen. Doch das
hatte es in sich. Ich habe schon diverse Möbel auf- und abgebaut und
hielt mich für einigermaßen geschickt im Umgang mit Schrauben
und Muttern. Bis ich eben dieses Gewächshaus aus Fertigteilen zum
Selberbauen erstand. Es bescherte meinem Mann und mir schlaflose
Nächte, je eine schwere Erkältung, unzählige Streitereien und mir
noch dazu einen Hexenschuss. Und gekostet hat es letztlich ein
Vermögen.

Die Komödie begann eines schönen Morgens Anfang April. Gemein-
sam mit einer Freundin fuhr ich los, um ein besonders preiswertes
Gewächshaus zu erstehen, das sich dummerweise in einem kleinen
Baumarkt am anderen Ende von Irland befand. Es war gut verpackt:
die Teile für den Aluminiumrahmen in einer drei Meter langen Kiste,
die Glasscheiben in einer zweiten, höllisch schweren Holzkiste. Der
Transport gelang mit dem Lieferwagen meiner Freundin problemlos.
Wir waren stolz, dass wir es nach Donegal brachten, ohne eine einzige
Scheibe zerbrochen zu haben.

Während der nächsten Wochen war an den Aufbau allerdings nicht zu
denken. Als Erstes musste nämlich eine Grube ausgehoben werden, in
die das Betonfundament gegossen werden konnte, wofür wir einen
Bauarbeiter hinzuzogen. Als der Beton nach zehn Regentagen endlich
trocken war, brauchten wir einen Maurer, um ein niedriges Fundament mit den exakten Außenmaßen von sechs mal acht Fuß zu
errichten, auf dem das Gewächshaus später stehen sollte. So stand es
auf Seite eins der Gebrauchsanleitung, in Englisch.

Der Rest der Anleitung, das merkte ich erst jetzt, war auf Schwedisch verfasst, und die zugehörigen Skizzen blieben uns allen ein Rätsel. Zudem fehlten die Nummern auf den Aluminiumteilen, die laut Zeichnung hätten eingestanzt sein sollen. Ich wusste nicht mehr weiter. Ein Profi musste her, ein Gärtner. Der verstand zwar auch kein Schwedisch, meinte aber: „Kein Problem, ich schaffe das in vier, höchstens fünf Stunden."

Aus diesen vier, fünf Stunden wurden dann drei volle Arbeitstage. Während mein Mann und ich gemeinsam mit der Frau des Gärtners bis zum Einbruch der Dunkelheit die Seitenverstrebungen festhielten, rann uns der Regen die Arme hinunter. Der Gärtner rätselte lautstark und schimpfte, verglich die Teile miteinander und zog gelegentlich eine Schraube fest. Am zweiten Tag, um halb elf abends, stand der Aluminiumrahmen. Doch wir trauten unseren Augen nicht: Er war zehn Zentimeter länger und zweieinhalb Zentimeter breiter als das Fundament! Irgendjemand hatte wohl in der Bauanleitung einen Fehler bei der Umrechnung von schwedischen Millimetern in englische Fuß gemacht, oder umkehrt. Also musste wieder der Maurer her. Die Gebrauchsanleitung – „besser schwedisch als gar nicht" –, sagte der Gärtner, hängte ich derweil zum Trocknen an die Wäscheleine. In der Zwischenzeit wurden meine Tomatensetzlinge im Arbeitszimmer gelb und die *Datura* erfroren eine nach der anderen. Als das Gewächshaus zwei Wochen später tatsächlich fertig war, stand es zunächst mangels Pflanzen leer. ◄

Der Hinkelstein im Rasen

▶............................ Wir gehen durch schmale Straßen, kommen an Reihenhäusern mit Vorgärtchen vorbei.

„Oh, eine zwei Meter hohe Karde!"

Ich zeige auf einen wackligen Gartenhag, wir halten inne.

„Knospen an den Rosen! Und die Mimosen, oh, könnten wir nur in Venedig bleiben, bis die Mimosen blühen ..."

„Und dein Mann, hat er dir geholfen im Garten? Das war ja ein ziemlich großes Grundstück ...", bemerkt mein Liebster.

„Er war für den Rasen zuständig. Für den Rasenmäher und für den Staubsauger. Kennst du den Begriff Kampfstaubsaugen?"

Wenn er schlecht gelaunt war oder mich ärgern wollte oder beides, dann holte er den Staubsauger hervor, ein stinkendes Ungetüm, das vor allem Staub aufwirbelte. Stundenlang konnte er mit dem Gerät durchs Haus fahren, während ich versuchte, mich auf einen Text zu konzentrieren. Und wenn ich mich in den Garten verzog, um in Ruhe nachzudenken, dann holte er eben den Rasenmäher aus dem Schuppen. Mir ging es diesbezüglich wie den Katzen: Ich bin allergisch gegen den Motorenlärm, und sobald mein Mann mit einer dieser Maschinen zu hantieren begann, verzog ich mich. Gegen den Lärm protestieren konnte ich ja schlecht, da er einer offensichtlich guten Absicht entsprang.

„Er hat versucht, sich nützlich zu machen. Aber mir ist wahrscheinlich nicht zu helfen", sage ich lachend.

„Du scheinst mir nicht so schwierig", erwidert mein Liebster.

„Ich habe mich gebessert", lache ich.

Hoffnungsschimmer im zeitigen Frühjahr: Der Lenzrose (Helleborus orientalis) kann kein Wetter etwas anhaben.

Damals war alles unendlich kompliziert gewesen. Der Garten in Irland
war aber auch ein Irrsinn. Meine Ansprüche wuchsen in den Himmel,
und mein Mann stand daneben wie ein Idiot – was auch immer er an-
fasste, war falsch. Ich hatte alle Hände voll zu tun mit den Rosen und
den gemischten Rabatten, mit Sommerstecklingen und den Tomaten
im Gewächshaus. Im Grunde hätte ich froh sein können, dass er ein
bisschen mithalf. Der Streit entzündete sich dann spätestens beim Jäten.
Im Prinzip ist es kinderleicht: Alles, was in Reihen wächst, stehen
lassen, alles andere ausreißen. Wären da nicht unzählige Ausnahmen.
Abgesamte Kapuziner, Ringelblumen, Boretsch, und seltsamerweise
gedeihen auch abgesamte Chrysanthemen nicht in Reihen. Ich mag
Blumen und Kräuter, die wie aus dem Nichts auftauchen, und ließ alle
möglichen Blumen ihre Samen verstreuen, um mich im nächsten Jahr
zu überraschen – Kamille, Dill, Mutterkraut. Darum galt grundsätzlich: Alles, was blüht, stehen lassen.
Die wuchernden Kapuziner blieben aber nur dort, wo sie dem Gemüse
nicht zu viel Platz wegnahmen. Löwenzahn und Hahnenfuß hingegen
blühten und mussten trotzdem ausgerissen werden. Aber bitte mitsamt den Wurzeln! Das Bohnenkraut war von ganz allein neben den
Zweierreihen aufgetaucht. Es blühte zwar noch nicht, sollte aber
trotzdem stehen bleiben. Also eine weitere Regel: Alles, was gut riecht,
stehen lassen. Außer der wuchernden Minze, die musste natürlich
weg, vor allem die sich selber aussamende Ingwerminze mit ihren
hübschen gelb-grün melierten Blättern, denn sie war das reinste
Unkraut. Alles, was nach Gras aussah, ausreißen. Außer dem Schnittlauch natürlich, den Frühlingszwiebeln und den Lauchsetzlingen …
Ich stellte immer mehr Regeln auf, und mein Mann beschloss alsbald,
nur noch die Kieswege zu jäten und die Beete mir zu überlassen. Aber
die hellblauen Hornveilchen auf den Wegen, die wollte ich natürlich
behalten. Nicht ausreißen! Nicht drauftreten! Zugegeben, in meinem
irischen Garten zu jäten war eine Wissenschaft für sich. Letztlich war
ich erleichtert, als er aufgab und sich ganz auf das Rasenmähen
beschränkte.
Wenn er jedoch auf Lesereise war, musste ich das Gras selber schneiden. Kaum hatte man es eine Woche nicht gemäht, schon hatten wir

ein struppiges Heufeld hinter dem Haus. Nach zwei, drei Wochen kam man mit dem Rasenmäher überhaupt nicht mehr durch und musste zur Motorsense greifen, die aber nie anspringen wollte, wenn man sie benötigte. Wenn ich mähen musste, sprang natürlich auch der Rasenmäher nicht an. Meinem Mann passierte das nie. Aber je länger und stärker ich an der Schnur riss, desto mehr kam der Motor ins Stottern, stieß ein wenig Rauch aus und gab schließlich gar keinen Ton mehr von sich. Alles klar: die Zündkerze war abgesoffen. Ich tat so, als hätte ich gar nicht mähen wollen, und ging Blumen gießen. Eine Stunde später versuchte ich es noch einmal – und dann sprang der Rasenmäher endlich an, mit dem Resultat, dass die Katzen, die friedlich in der Wiese geschlafen hatten, aus ihren Träumen hochschreckten und in alle Richtungen davonstoben.

Während ich mit dem lärmenden Rasenmäher auf und ab ging, wurde mir bewusst, wie groß, ja, geradezu riesig unser Rasen war. In Gedanken legte ich Rosenbeete an und pflanzte flächendeckende Büsche. Mit tauben Ohren und Muskelkater in den Armen plante ich den Bau eines Karpfenteichs, der die halbe Wiese umfassen würde. Ein Swimmingpool wäre nicht schlecht! Ein See! Ein Ozean. Und als dann auch noch das Benzin ausging, erwog ich die Erweiterung des Kiesplatzes. Einen Moment lang dachte ich sogar daran, den ganzen Rasen mit Unkrautvertilger zu behandeln und ihn danach mit grüner Farbe zu besprühen.

Man konnte es drehen und wenden, wie man wollte, das Rasenmähen machte einfach keinen Spaß, jedenfalls mir nicht. Einen makellosen Rasen zu haben bedeutet, vom Frühling bis zum Herbst wie ein Sklave dafür zu schuften. Es ist die reinste Sisyphosarbeit, und Rückenschmerzen kriegt man davon auch. Dabei fängt die Knochenarbeit nach dem Mähen erst richtig an: auf die Knie und von Hand die Kanten mit der Schere abschneiden. Wenigstens konnte ich dabei gleichzeitig noch Unkraut jäten und Schnecken entfernen.

Nachdem mein Mann wieder zurück war, schlug ich ihm vor, jemand anderen den Rasen mähen zu lassen. Aber erstens fehlte für eine Gartenhilfe das Geld, und zweitens kam ein solcher Schritt aus grundsätzlichen Erwägungen nicht infrage: Wie sieht das denn aus, wenn die Schweizer nicht mal ihren Rasen selber mähen können! Wir sind doch keine Weicheier aus der Stadt! Schimpfend stieg mein Mann weiterhin mindestens einmal die Woche in seine Gummistiefel und schob den Motormäher über unser Grundstück, auf und ab, während er den irischen Sommer verfluchte und seine der Pflanzenleidenschaft verfallene Frau. Er fühlte sich durch die allmählich überhandnehmende Gartenarbeit unter Druck gesetzt, und wenn die Nachbarn meine Blumen lobten, meinte er beweisen zu müssen, dass auch er einen Sinn fürs Praktische hatte.

So störte ihn beim Mähen ein Stein, der nur wenige Millimeter aus dem Boden ragte. Also kaum sichtbar, aber immerhin so groß, dass bei jedem Darüberfahren die Klingen des Rasenmähers klirrten. Und so beschloss mein Mann eines Tages, der Stein müsse weg. Schaufel her und schnell ausgraben, gar kein Problem.

Zwei Stunden später klaffte ein metertiefes Loch in der Wiese, aber das Ende des Steins war nicht in Sicht. Wir verfluchten den Moment, in dem wir mit dem Graben angefangen hatten: ein riesiges Loch mitten im Rasen, ein noch viel größerer Erdhaufen daneben, ringsherum die braunen Spuren unserer Gummistiefel, und das alles wegen ein paar Millimeter Stein, die beim Rasenmähen störten!

Wir gaben entnervt auf und saßen dreckverschmiert und schimpfend neben dem Schlamassel, als der Nachbar vorbeikam. Nein, er lachte uns nicht aus, er ist ein höflicher Mensch. Beim Graben helfen konnte er uns nicht, weil er eine Hüfte gebrochen hatte und an Krücken ging, aber immerhin lieh er uns eine Eisenstange, mit der wir den Stein heraushebeln könnten. Wir dürften sie so lange behalten, wie wir sie brauchten. Zwei Wochen später konnten wir selber über das Loch und den Erdhaufen im Rasen lachen und erzählten allen davon, die zuhören mochten. Sprengen!, riet ein Bekannter, mit Benzin übergießen, anzünden, und sobald sich der Stein des Anstoßes erhitzt hat, kaltes Wasser darübergießen! Presslufthammer mieten, empfahl ein anderer. Dynamit, meinte der Nachbar weiter oben am Berg, das habe er auch schon gemacht. Nach ein paar Guinness klangen die Vorschläge vernünftig, aber unser Felsbrocken lag genau zwischen Heizöltank, Wasserleitung und Küchenfenster.

Der Erdhaufen löste sich im Regen allmählich auf und verwandelte den Rasen in einen Sumpf. Derweil heilte das gebrochene Hüftgelenk von Nachbar Jimmy, und er brauchte nur noch eine Krücke, um sich aufrecht zu halten. Mit der freien Hand schwang er den Vorschlaghammer. Im Nu versanken die Überreste des Hinkelsteins im Erdreich. Und dann erbte ich Großvaters Rosen. Ihre Wurzeln wurden in Geschenkpapier verpackt und als Weihnachtsschmuck deklariert per Flugpost nach Irland geschickt. Die Namen der Rosen hatte nur der Großvater gekannt, der sich ihnen in seinen letzten Lebensjahren mit aller Hingabe gewidmet hatte. Ich weichte sie ein und pflanzte sie gleich am nächsten Tag.

Edel- und Beetrosen sind ein Kapitel für sich. Eigentlich mag ich die natürlicher wirkenden Kletterer und die Alten und die englischen Strauchrosen viel lieber, weil sie sich ungezwungen in meinen leicht verwildernden Garten einfügen. Sie einfach sich selbst zu überlassen, konnte man den verwöhnten Edelrosen jedoch nicht zumuten. Sie brauchen ein eigenes Beet in bester Sonnenlage und jede erdenkliche Aufmerksamkeit. Beides hat man in einem großen Garten nicht unbedingt übrig.

Zu meinem großen Erstaunen gediehen die Rosen alle, und dank Kompost, Mist und Knochenmehl, regelmäßigem Spritzen und richtigem Schnitt wuchsen sie bald so kräftig wie seit Großvaters Zeiten nicht mehr. Jeden Sommer öffneten sie fortan in meinem irischen Garten ihre edlen Blüten, und ich erging mich in frohem Rätselraten: War die Rote mit den ledrigen, dunkelgrünen Blättern wohl *Ingrid Bergman*? Oder *Mildred Scheel*? Und wo waren die Baccara-Rosen, von denen Großmutter mit Sicherheit wusste, dass ihr Mann sie kultiviert hatte? Die dunkelrote, wunderbar duftende Schönheit musste *Papa Meilland* sein. Allerdings gab es so viele verschiedene rote Edelrosen, dass ich nicht sicher genug war, um die Namen auf Schilder zu schreiben.

Einige der Klassiker, die Großvater gezogen hatte, konnte ich eindeutig identifizieren, zum Beispiel die berühmte *Meilland*-Rose, *Gloria Dei*, die mit ihren zartgelben, rosa überhauchten Blüten leicht zu erkennen war. Auch bei der weißen *Polarstern* war ich mir ziemlich sicher. Oder bei der rosaroten *Queen Elizabeth*, die genau genommen eine Beetrose ist, aber den langbeinigen, hochnäsig steifen Wuchs einer Edelrose aufweist.

Was genau der Unterschied zwischen einer Edel- und einer Beetrose ist? Eben der Wuchs. Beetrosen sind im Allgemeinen buschiger und wuchskräftiger. Sie haben mehr und gesünderes Laub und sind weniger heikel. Den Edelrosen mit ihren langen dünnen Beinen mangelt es unterhalb der Gürtellinie oft am Laubkleid. Dennoch sollte man sie nicht unterpflanzen, weil sie offenen Boden schätzen. Und so wiegen sie ihre perfekten Blütenköpfe wie stolze Flamingos hoch über dem Boden.

Der Sommer gehörte fortan den Rosen, dem Gemüse, den Kräutern, den Blumenbeeten. Ob der Gartenarbeit war das Meer in weite Ferne gerückt. Die Fischerruten verstaubten an ihren Haken in der ehemaligen Garderobe unseres Schulhauses. Mein Garten nahm mehr und mehr Raum ein und wurde immer komplexer.

Mein Mann beklagte den Verlust der ursprünglichen Wildnis. Während ich jätete und zupfte und schnippelte, bestand er darauf, wenigstens ein Stück Wiese stehen lassen zu dürfen. Mit dem Rasenmäher mähte er Wege durch das bald hüfthohe Dickicht, derweil ich meinen Besucherinnen erklärte, an der Stelle würden wir demnächst einen ordentlichen Seerosenteich anlegen.

Irgendwann stieß ich nach der Empfehlung einer der Kolumnisten auf das Gartenbuch von Derek Jarman – und begriff, was Gärtnern wirklich heißt. Nein, dem inzwischen verstorbenen Maler und Filmemacher ging es nicht um Rasen und Rosen und gepflegte Staudenbeete. Der an Aids erkrankte Künstler hatte die letzten Jahre seines Lebens damit verbracht, in einer Industrielandschaft an der englischen Küste seinen persönlichen Garten Gethsemane anzulegen, der nur so vor Lebensfreude strotzte. In einer Kieswüste, aus deren Hintergrund die Silhouette eines Atomkraftwerks ragte, blühten Escholzias und Schlafmohn, Disteln, Baldrian und Ringelblumen. Ich kaufte die entsprechenden Samentüten und machte mich mit Jarmans Pflanzenwelt vertraut. Mitunter ging ich sogar so weit, Pflanzen, die in meinem Garten allzu unschuldig vor sich hin blühten, auf den Komposthaufen zu werfen. Weg mit diesen naiven Riesenmargeriten, weg mit dem Gutelaunezauber der Asternschar – im Herbst geht das Leben zur Neige. Ich litt mit dem auf den Bildern im Buch bis aufs Skelett abgemagerten Derek Jarman. Bald gediehen auch in meinem Garten Meerkohl (*Crambe maritima*) und Grasnelken (*Armeria maritima*) – beides äußerst zähe Überlebenskünstler. „Stehaufmännchen“, sagt mein Liebster, „wie du.“

Nur der Lavendel, von dem in Jarmans Garten dichte Polster wuchsen, wollte im feuchten irischen Klima nicht überleben.

Dank Derek Jarman begriff ich, dass ein Garten nicht schön sein muss, um interessant zu sein. Im Gegenteil! Ich trug rostige Maschinenteile und zerschlissene Fischernetze vom Strand herauf. Das Meer schwemmte endlos viel Krempel an, Seile, Bierdosen, ja sogar tote Schafe. Jeden Tag wurden neue Relikte an den Strand gespült, mit der nächsten großen Flut nahm das Meer sie wieder mit.

Fortan gärtnerte ich mit einer Besessenheit, die ihresgleichen suchte, man musste gar nicht mehr probieren, mit mir über etwas anderes als über Pflanzen reden zu wollen. Während in Belfast über den Frieden verhandelt wurde, wühlte ich in der Erde.

Ich bin katholisch aufgewachsen, erst das Gärtnern brachte mich den protestantischen Kreisen näher. Eines Tages lud mich eine Nachbarin zur Donegal Garden Society ein, und plötzlich saß ich mit einer englischen Adeligen beim Tee und ging in den großen Häusern von Donegal ein und aus, galt es doch, von den Mitgliedern der Donegal Garden Society gezogene Pflanzen für den jährlichen Wohltätigkeitsmarkt mit Preisschildern zu versehen oder einen Artikel für das Vereinsblatt zu redigieren. Ja, die Donegal Garden Society! Sie war ein typisches Gartenklübchen nach englischem Vorbild, sicher unter den Fittichen der RHS (Royal Horticultural Society) verwurzelt, wodurch der Kontakt zu guten Referenten, der Zugang zum einschlägigen Fachwissen und nicht zuletzt zu seltenen Pflanzensamen gewährleistet war. Offiziell traf man sich zu Diavorträgen und im Sommer zu Gartenbesuchen, und irgendwann im Laufe des Winters zirkulierten die RHS-Listen mit Saatgut von seltenen Pflanzen, ein Moment, dem alle mit glänzenden Äuglein entgegenfieberten.

Ich war mit einigen Jahrzehnten Abstand die Jüngste in der Donegal Garden Society. Respektiert wurde ich nicht zuletzt dank meiner Gartenfreundin Anne – sie war die Älteste des Vereins und hatte vor Urzeiten am Trinity College in Dublin Botanik studiert. Ich meinerseits wusste über die Pflanzenneuheiten Bescheid. Gemeinsam waren wir unschlagbar. Bei Vorträgen raunten wir die lateinischen Namen stets als Erste, und wenn der Referent einige Schätze aus seinem Gartenreich als Preis für ein der Auflockerung dienendes Quiz mitgebracht hatte, so heimsten wir sie ein – und teilten sie dann mittels Stecklingen, Zwiebeln oder Wurzelablegern.

Natürlich kamen uns viele dieser Pflanzen im Laufe der Jahre auch wieder abhanden, zum Glück, denn so entstand Platz für Neues. Platzmangel war, obwohl wir alle über große Gärten und einige gar über riesige Parks verfügten, stets ein Problem. Wir machten Witze darüber, dass sich gewiss auch der Prince of Wales gelegentlich beim Afternoon Tea mit Camilla darüber beklagte, dass in seinen Gärten auch so wenig Platz sei zum Ausprobieren all der wunderbaren Neuheiten.

So filigran seine Blüten auch wirken, Schlafmohn (Papaver somniferum) ist ein zäher Überlebenskünstler, der sich auch gern unerwartet in Ritzen und Ecken versamt.

Die geplante Krönung

▸.............................. Ich werfe den Kopf in den Nacken, halte die Hand vor die Augen, geblendet vom Licht der goldenen Kuppel von San Marco. Ehrgeizig war ich, ja, und mein damaliger Mann spottete, wenn ich die Kristalltrophäe gewänne, die in der Ausschreibung der „Shamrock All Ireland Gardening Competition" abgebildet war, dann würde er sie auf einen Totempfahl nageln und mitten in meinem Rosenbeet aufpflocken. Das Kristallglas würde dem Wetter nicht lange standhalten. Ein Scherbenhaufen wäre sowieso schöner, sagte er.

Seinen Witzeleien zum Trotz füllte ich das Formular aus und schickte die verlangten Fotos ein. Einen Monat später erhielt ich ein Schreiben, in dem sich die Jury ankündigte. Irgendwann im Verlauf des Sommers würde sie unangemeldet auftauchen, um meinen Garten einer minutiösen Prüfung zu unterziehen.

Ich fühlte mich geschmeichelt. Und machte mich ans Jäten. Seit ich mich eingehender mit dem Thema Unkraut befasst hatte, wollte ich möglichst viele Wildkräuter stehen lassen. Vor allem in den Ecken und hinter den größeren Büschen nahm ich es nicht mehr so genau, weil ich mittlerweile wusste, wie viele Insekten und Schmetterlingsraupen von den einheimischen Wildkräutern lebten.

Doch nun stand der Besuch der Jury an. Alles musste perfekt sein, mit weniger würde ich nicht ins Rennen gehen. Eine Woche lang robbte ich auf den Knien durch die Beete, doch sobald ich fertig war, konnte ich gleich wieder von vorne beginnen, zumal immer wieder lauer Regen fiel. Das Unkraut wuchs schneller, als ich es jäten konnte. Aber ich blieb am Ball. Wenigstens einmal sollte der Garten perfekt

Die neuen Lupinen-Züchtungen aus England, die Westcountry-Hybriden, sind ein Höhepunkt jeder gemischten Staudenrabatte.

aussehen, wenigstens einmal wollte ich mit allem fertig werden. Eines der schönsten Dinge an einem Garten ist, dass man rigoros vorgehen und eigentlich machen kann, was man will: ausreißen, was einem nicht gefällt, neu pflanzen und umsetzen. Nun begutachtete ich alles mit den Augen der sicher gestrengen Jury. Die kranke Trauerweide musste sofort weg, die hässlichen Stauden und eine farblich unpassende Rose über den Zaun und weg. Wenn man nur sonst im Leben auch alles einfach aus dem Weg schaffen könnte, was einem nicht gefiel!

Im kleinen Reich meines Gartens benahm ich mich wie eine Alleinherrscherin. Wobei natürlich das Wetter über mir stand, sodass ich nicht allzu übermütig wurde. Sonne und milder Regen wechselten sich ab, und das Unkraut wucherte unaufhaltsam. Das Jäten wurde zu einem symbolischen Akt des Ordnungschaffens. Wenigstens im Garten wollte ich Herrin der Lage sein. Ans Schreiben war in jenem Sommer sowieso nicht zu denken. Mein dritter Roman lag wie ein Betonklotz auf dem Schreibtisch, die monumentale Erinnerung an mein Unvermögen – in einer ersten Fassung vollendet, aber unbrauchbar.

Monatelang hatte ich keinen einzigen vernünftigen Satz mehr im Kopf gehabt, nichts als lateinische Pflanzennamen, die sich langsam mit den englischen Namen mischten und mich die deutschen Ausdrücke vergessen ließen. Ich behauptete, im Garten könne ich Atem schöpfen, den Kopf auslüften. Auf neue Ideen kommen. Die Gedanken schweifen lassen. Oder an gar nichts denken, außer daran, was in der Rabatte störte, wohin ich die weinroten Akeleien pflanzen und wie ich die Rasenkanten gerade hinbekommen sollte. Auf Dutzende von Notizzettelchen kritzelte ich, was noch zu tun sei, bevor die Jury auftauchen würde. Mein Kopf war voller Ideen, die Zettel überall, ich verzettelte mich, und mein Mann konnte sie, nach sechs Jahren Ehe, immer noch nicht entziffern. Dabei hieß es nur: Gelbe Taglilie runter, *Johnston Blue* vermehren, Frauenmantel weg von Rosen, Chinesische Artischocken zu Gemüse.

Obwohl ich ja bereits durch die erste Ausscheidung gekommen war, sah ich die Rabatten kritischer denn je. Das fragile Gleichgewicht kippte so schnell, und was vor einer Woche noch harmonisch gewirkt hatte, war nun bereits zu viel des Guten. Ich musste ausdünnen, es wuchs alles viel zu schnell. Noch immer standen die Büsche, die Rosen und Stauden zu dicht, es war einfach zu viel von allem da. Das war nicht tragisch, solange ich anderswo noch etwas Platz für ein neues Beet finden konnte. Und so wartete ich wieder einmal auf Regen, um Pflanzen zu versetzen, stand mit der Schaufel im Garten und suchte den Himmel nach Wolken ab.

Der Garten war Ablenkung und Ausrede zugleich, um nicht an den Roman zu denken, den niemand haben wollte – aber das ist ja bei Romanen meistens so, man schreibt im Wissen, dass sich niemand dafür interessieren wird, und macht trotzdem weiter. Für meinen Garten aber würde sich nun immerhin die werte Jury der großen „Shamrock All Ireland Gardening Competition" interessieren. Im Vergleich zum Verfassen von Romanen schien Gärtnern geradezu vernünftig zu sein, auch wenn mich gelegentlich Leute fragten, wieso ich so viele Blumen hinter dem Haus zog, wo sie von der Straße aus gar nicht zu sehen waren.

„Ich ziehe sie nicht für die anderen", antwortete ich dann, „ich habe einfach das Bedürfnis, Pflanzen zu ziehen, und ich freue mich, wenn sie gedeihen und blühen."

Ob es damit zu tun hätte, dass ich keine Kinder haben konnte?, wagte eine Freundin zu vermuten.

„Vielleicht", antwortete ich.

„Wie, du konntest keine Kinder haben?", fragt er.

„Das hatten mir die Ärzte gesagt, sie hatten alles versucht, und ich war absolut überzeugt, dass ich nie ein Kind haben würde. Nach zwei Operationen hieß es, im Prinzip sei alles in Ordnung, nur auf natürlichem Weg schwanger werden könne ich nicht."

„Und jetzt hast du eine fünfjährige Tochter."

„Ein Wunder, ja."

„Du mit deinen Wundern!"

Er lacht, ein bisschen lacht er mich sogar aus, und ich widerspreche: „Sogar mein Frauenarzt hat gesagt, dass man rein medizinisch eben bei Weitem nicht alles erklären könne. Aber das wahre Wunder hat

der Arzt in Irland vollbracht, der mich stundenlang operiert hatte. Und
die Nonnen, keine Ahnung, wo ich heute stehen würde im Leben ohne
die irischen Nonnen."

„Auf jeden Fall bist du katholischer, als du gemeinhin zugibst."

„Der Schein trügt", wiegele ich ab. „Aber den irischen Nonnen bin ich
zutiefst dankbar."

„Erzähl mir von den irischen Nonnen!"

Die Nonnen gehörten zum Klischeebild von Irland wie das dunkle
Bier und die Schafe. Tatsächlich traf man aber auf der Straße, im
Warenhaus oder im Restaurant gelegentlich einen Priester an, die
Nonnen aber sah man nie. Weder gingen sie einkaufen, noch aßen sie
im Pub, und Spaziergänge machten sie auch nicht. Ich hatte in Irland
jahrelang keine Nonnen gesehen, und das konnte nur zweierlei
bedeuten: entweder es gab sie gar nicht mehr, oder sie waren nicht da,
wo ich war. Das Rätsel löste sich, als ich zur Abklärung eines zweifel-
haften Krebsabstrichs in das kleine, privat geführte St.-Josephs-Hospi-
tal in Sligo eingewiesen wurde. Das Pflegepersonal in den öffentlichen
Kliniken hatte wochenlang gestreikt, und die Wartelisten waren ins
Endlose gewachsen. Das kleine Krankenhaus am Garden Hill glich
einem altmodischen Hotel, es wurde hauptsächlich als Pflegeheim für
alte Menschen genutzt.

Ich bekam ein Einzelzimmer mit Blick auf den Park und wurde
umsorgt wie in keiner Klinik zuvor. Schwester Desmond, die rundli-
che und gutmütige Oberin, schaute täglich nach mir und redete mir
gut zu. Sie wusste, dass ich lange aufblieb und las, und so kam sie
manchmal noch spät auf mein Zimmer, um zu plaudern. Eines Nachts
erwähnte ich, dass ich mit dem Essen Mühe hatte, Erbsenbrei und
Kartoffelbrei und Yorkshire Pudding, was alte Leute eben so essen in
Irland. Die Oberin schlug die Hände vors Gesicht und verschwand
wortlos. Eine halbe Stunde später kam sie mit einem Sandwich
zurück, das sie für mich gemacht hatte; sie hatte es in kleine Dreiecke
geschnitten und diese auf einer roten Serviette geometrisch angeord-
net und mit Salatblättern dekoriert.

Mehrmals täglich schleppte ich mich durch die mit dicken Teppichen
belegten Korridore des Hospitals – von der Statue des heiligen Joseph

am einen bis zur Marienstatue „Our Lady" am anderen Ende – und freute mich, dass es nach Blumen und Kerzen roch statt nach Desinfektionsmitteln. Meine Spaziergänge führten am OP vorbei zum Telefonautomaten und endeten in der Raucherecke, wo die neunzigjährige Rose saß und versuchte, trotz ihrer Lungenentzündung drei Benson & Hedges auf einmal zu rauchen. Da Rose schwerhörig war, erzählte mir ihre zweiundachtzigjährige Freundin Mary, sie rauche und sei zur Behandlung ihrer chronischen Bronchitis hier – das hätte Rose wahrscheinlich auch geantwortet, wenn sie meine Fragen hätte hören können.

Jeden Mittag kam eine weißhaarige Nonne in mein Zimmer, legte mir die Hand auf die Schulter und murmelte für mich unverständliche Gebete. Dann holte sie eine weiße Serviette unter den Schichten ihres Habits hervor, breitete sie auf der Bettdecke aus und zauberte eine silberne Schachtel aus einem Samttäschchen, das an ihren Röcken festgezurrt war. Eine Zigarettenschachtel, dachte ich beim ersten Mal. Will die Nonne etwa mit mir rauchen? Der Leib Christi, sagte sie und legte mir die Hostie in den Mund.

Am Sonntagmorgen wurde mir klar, dass all die alten Nonnen am Garden Hill eine silberne Dose mit Hostien unter ihren Röcken trugen. Und sie gingen damit so freizügig um, dass man geradezu aufpassen musste, um nicht schon auf dem Weg in die Kapelle mehrere Hostien in den Mund gesteckt zu bekommen.

Die Kapelle war gut viermal so groß wie der Operationssaal, der mit Abstand größte Raum im ganzen Krankenhaus. Der junge Priester predigte nicht etwa von der Kanzel, nein, er saß mit übereinandergeschlagenen Beinen in der vordersten Bank, lehnte sich lässig nach hinten und erzählte Insiderwitze, über die die Nonnen wie kleine Mädchen kicherten. Erst für die heilige Kommunion ging er zum Altar, und die Nonne, die neben mir saß, läutete derweil ein silbernes Glöckchen, denn Ministranten gab es hier natürlich keine. Wir schüttelten uns alle die Hände. Der Priester, die Nonnen, ich und die wenigen anderen, die noch mobil waren, kletterten über die Bänke, um auch den Anwesenden in den Rollstühlen Frieden zu wünschen, dann empfingen wir die heilige Kommunion.

Der Höhepunkt dieser Messe war gleichzeitig ihr Ende. Der durchaus charmante, wenn auch dank Überbiss und Übergewicht keinesfalls gut aussehende Priester schritt durch die Tür hinter dem Altar und ließ diese sperrangelweit offen stehen. Dann zog er ziemlich langsam eine Kleiderschicht um die andere aus, faltete Stola und Soutane zusammen und stand schließlich einfach in seinen normalen schwarzen Priesterkleidern da. Es war natürlich kein Auftritt der Chippendales, aber als ich mich kurz umdrehte, waren alle, aber auch wirklich alle Blicke nach vorn auf die offene Tür gerichtet.

Wir sitzen in einer Kirchenbank unter der goldenen Kuppel von San Marco, die Touristen um uns herum haben wir glatt vergessen. Als wir uns erheben und den breiten Gang hinuntergehen, senke ich die Augen. Filigrane Mosaike in Schwarz und Weiß pflastern den Weg, sie sind von einer atemberaubenden Schlichtheit. Viel schöner als alles Gold der Welt ist der Boden.
„Und den Gartenwettbewerb, hast du den dann gewonnen?"
Eines schönen Nachmittags im Juni tauchte dann tatsächlich die Jury auf, zwei ältere Ladys in Tweedkostümen und Gummistiefeln. Mit spitzen Bleistiften notierten sie die Namen meiner Rosen, begutachteten meinen Gemüsegarten, fragten nach dem Namen dieser oder jener seltenen Sorte.
„Oh, Sie haben aber viele Kräuter!", riefen sie mit spitzen Stimmen. Ich wollte ihnen Kaffee und Kuchen servieren, aber mein damaliger Mann lästerte, die huldigten gewiss der Queen, und befand, sie kämen ihm jedenfalls nicht ins Haus, in ihrer englischen Aufmachung.
Es reichte dann nur zu einem dritten Preis, aber immerhin durfte ich mein grünes Reich fortan ganz offiziell „Award winning Garden" oder, mit einem Augenzwinkern, sogar „Award winning Gardens" nennen. Wozu auch immer das gut sein sollte.
Mein Mann begleitete mich zur Preisverleihung. Wir fuhren fünf Stunden, bis wir schließlich in Kildare ankamen, dem County der großen Pferdezüchter und der großen Gärten. Von den berühmten Gestüten sahen wir nichts außer riesigen Einfahrten mit vergoldeten Schriftzügen und fabrikneuen Geländewagen, die uns in waghalsigen

Manövern an den Straßenrand drängten. Unser Countryhotel war, wie so viele Etablissements in Irland, teuer und eine Beleidigung für unseren Geschmack. Wir tranken ein paar Whiskeys an der Bar und ärgerten uns über die amerikanischen Touristen, deretwegen die guten alten Hotels und mitunter ganze Dörfer verschandelt wurden. Die amerikanischen Touristen boten immer wieder Stoff für abendfüllende Unterhaltung. Nicht dass wir grundsätzlich etwas gegen Amerikaner gehabt hätten. Aber im Sommer wurden sie busweise durch das Land gekarrt, wo sie nach ihren irischen Wurzeln suchten. Auf dem Postamt musste man oft stundenlang anstehen, weil irgendein O'Donnell aus New York, ein Kelly, Connelly oder Doherty aus Boston keinen Schritt vom Schalter wich. Diese amerikanischen Iren redeten mit einer solchen Lautstärke und Vehemenz auf den armen Beamten ein, dass er schließlich die Adressen der irischen Iren mit demselben Namen herausrückte. In der Grafschaft Donegal lebten über tausend O'Donnells und Dohertys und beinahe ebenso viele Connellys, und es gab an die zweitausend Kellys. Entsprechend lange dauerte es dann, eine Briefmarke zu kaufen. Sprach man die anderen amerikanischen Wurzelsucher in der Warteschlange an, erzählten sie einem gleich ihr ganzes Leben. Die Geschichte ihrer Vorfahren, die wegen der Armut auswandern mussten, waren durchwegs tragisch und immer dieselbe; wir kannten sie schon aus unzähligen Büchern. Sie waren in unseren Augen keine Entschuldigung für den sentimentalen Kitsch, mit dem das Land zugepflastert wurde. Das Einzige, was in unserem Hotel echt schien, war der ausgestopfte Hase über der Theke. Wir hätten ihn gern als Trophäe auf unser Kaminsims gestellt. Leider waren wir nie allein in der Bar, und so blieb der Hase in Kildare.

„Du Kleptomanin", bemerkt mein Liebster lachend, „und was war dann mit deinem Preis?"

Eigentlich hätte ich wissen müssen, dass wir bei dieser Preisverleihung fehl am Platz sein würden. Lauter siebzigjährige Ladys in grauen Tweedanzügen und mit strengem Blick saßen auf den Polsterstühlen im Saal, der mit Nelkensträußchen geschmückt war. Ich fühlte mich hundert Jahre zu jung, war viel zu bunt angezogen, ja, ich hatte nicht einmal graue Haare! Mein Mann war hin- und hergerissen zwischen

Schadenfreude und dem Wunsch, vor Scham im Boden zu versinken. In den vorderen Reihen machten wir dann ein paar Damen unseres Alters aus, neureiche Frauen mit blondierten Haaren, teuren Handtaschen und künstlichen Fingernägeln, Menschen, deren Gärten alle gleich aussahen, weil sie von den gleichen Landschaftsarchitekten angelegt worden waren, und die an Geschmacklosigkeit sogar die neugebauten Bungalows zu überbieten vermochten: riesige Einfahrten und geländewagentaugliche Parkplätze, Imitate von Marmorsäulen, herausgeputzte Rosenbeete und hier und da ein von Palmen gesäumter Swimmingpool. Wir betrachteten die Ausstellung mit den Fotos der anderen Gärten, Petunien und auch Pelargonien und angemalte Betonesel, und all diese Leute mit einer Ernsthaftigkeit, als hätten sie große Kunst geschaffen.

Nach zehn Minuten ergriffen wir die Flucht, und ich versprach meinem Mann, nie mehr an einem Gartenwettbewerb teilzunehmen. Die Preisurkunde und der Gutschein eines mittelmäßigen Gartencenters wurden mir später nachgeschickt. In Donegal angekommen, stellte ich mich eine Stunde lang unter die Dusche, als könnte ich mir die gesammelten Geschmacklosigkeiten vom Leib waschen. Dann holte ich Derek Jarmans Buch aus dem Regal. Ein Garten musste lebendig sein, wild und voller Widersprüche! Ich beschloss, noch mehr Schrott in die Beete zu pflanzen, Autofelgen, verrottetes Treibgut vom Strand und ausgediente Werkzeuge, die sich beranken ließen. Ein guter Garten sollte sich das Hässliche einverleiben, den Tod, rostiges Eisen und Holz, das langsam vermoderte. Schön durften nur die Blumen sein, die aus dem Müll heraus erhaben wirkten.

Ich begann schwarze Blumen zu sammeln: schwarze Bartnelken und Petunien, Stiefmütterchen, Schlangenbart, Schokokosmos und solche mit dunkelrotem Laub wie die Purpurglöckchen, Basilikum oder die ganz dunklen Hornveilchen. Schwarze Pflanzen faszinierten mich,

Schwarzer Basilikum (Dark Opal) *mit Zweizahn* (Bidens ferulifolia) *im Hintergrund.*

denn sie trugen den gesuchten Widerspruch in sich: sie strotzten vor
Leben, das sich aber in der Farbe des Todes äußerte. Selbstverständlich
braucht ein Garten unbedingt auch hässliche Pflanzen. Erst der
Kontrast lässt die Schönheit erstrahlen.
Ich zog *Ricinus communis*. Seine bohnengroßen Samen, aus denen das
berüchtigte Abführmittel gewonnen wird, gleichen vollgesogenen
Zecken. Ich weichte sie einen Tag lang in lauwarmem Wasser ein,
wobei sie aufquollen und eine Ausstülpung bildeten, die mich an den
Saugnapf eines Blutegels erinnerte. Absolut widerlich, man konnte
ihnen geradezu ansehen, wie giftig sie waren. Ein einziger Rizinussa-
me reiche, um einen erwachsenen Menschen umzubringen, las ich in
der Fachliteratur nach. Dabei waren die Samen noch nichts gegen das
Bild, das die ausgewachsenen Pflanzen wenige Monate später boten:
Die glänzenden, gefingerten Blätter wurden in dem feucht-milden
Klima Donegals über sechzig Zentimeter groß. Bei der besonders
unattraktiven Sorte *Ricinus impala* waren sie zudem von rötlich
angehauchter, aber eigentlich kackbrauner Farbe. In der Dämmerung
wirkten sie beinahe schwarz, wie Schatten von Riesenhänden, die mit
bedrohlicher Geste in die Beete griffen. Ich war fasziniert und pflanzte noch mehr Rizinus.
Durch die Gartenarbeit war das Meer in immer weitere Ferne gerückt.
Dabei lag der Atlantik nach wie vor nur wenige Kilometer vom Haus
entfernt, man brauchte bloß fünf Minuten den Berg hinaufzugehen,
um im Abendlicht über die ganze Donegalbay zu blicken. Nur hatte
ich dafür keine Zeit mehr.

Wir weichen nordafrikanischen Händlern aus, die uns Plastiktomaten
und wabbelnde Spiegeleier vor die Füße werfen, schlendern die Riva
degli Schiavoni hinunter, vorbei am legendären Hotel Danieli.
„Wie das alles bröckelt und bröselt", sage ich, „mir flimmern schon
die Augen."
Wir kommen zum Schifffahrtsmuseum, gehen die Riva dei Sette
Martiri hinunter zu den Giardini Pubblici mit ihren prächtigen alten
Bäumen, gehen immer weiter, besteigen irgendwann ein Vaporetto,
ohne auf die Nummer zu sehen, wir fahren einige Stationen, irrlich-

tern weiter ohne Stadtplan und ohne Ziel. Längst habe ich die Orientierung verloren, wir gehen durch Gässchen mit kleinen Häusern und Vorgärtchen, bis wir in ein verwahrlostes Quartier mit einer aufgelassenen Fabrik kommen, hinter der sich ein kleiner Strand voller Gestrüpp und Müll verbirgt. Wir waten durch nassen Sand. Ich bücke mich, hebe eine Scherbe auf, geschliffen und matt von den Wellen, ihre Farbe ein geheimnisvolles Türkis, als käme sie aus den Tiefen des Meeres.

„Hier ist alles Wasser und Licht", sage ich, „Himmel und Meer und Licht."

„Licht und Kunst und Strandgut. Kein Wunder, dass sie in Venedig das Glas erfunden haben. Welcher Stoff käme dem Licht, dem Wasser näher?"

„So viel Schönheit – und alles dem Untergang geweiht."

Unter unseren Füßen knirschen Muschelschalen. Wir treiben eine rostige Coladose vor uns her, und als eine Welle sie uns entreißt, führen wir das Spielchen fort mit einem Stein, kicken einander Pässe zu. Sandklumpen stieben auf, schreiben zufällige Muster über die Wasserlinie. Sie werden von der Brandung gelöscht, genauso wie die Spuren der Möwen und Strandläufer, die im Sand nach Futter picken. Nichts hat hier Bestand. ◄

Baggern für die Frösche

▸............................ Wir klettern auf den Damm, folgen dem schmalen Betonweg, der an den Horizont zu führen scheint. Il paradiso può attendere, entziffern wir auf dem Leuchtturm, die Schrift scheint nicht sehr alt, ist aber vermoost und verwittert. Auf der anderen Seite steht: Benvenuto. Eine Ratte huscht über die Betonblöcke, mit denen der Leuchtturm befestigt ist, vierarmige Gebilde, riesigen Molekülen ähnlich. Wir falten unsere Jacken zu Kissen und setzen uns, blicken schweigend in die Bucht hinaus, grau und schillernd das Wasser, friedlich, so friedlich.

Irgendwann hatte ich die Idee gehabt, meinen schwarzen irischen Garten zu fluten. Da er von wilden Wiesen umgeben war, hatte es im Grunde wenig Sinn, dasselbe noch einmal im Garten zu haben oder sich überhaupt mit einem Rasen abzuplagen. Ich dachte darüber nach, wie man die Grasflächen durch Wasser ersetzen könnte. Am liebsten durch einen ganzen See! Wenn ich schon nicht direkt am Wasser wohnte, so wollte ich mir wenigstens einen großen Teich in den Garten holen. Den Vorsatz bekräftigte ich, indem ich erst einmal ins Gartencenter fuhr und Wasserpflanzen kaufte: Sumpfiris, Wasserhyazinthen und eine Seerose. In den folgenden Monaten wurden meine Gartenpflanzen mit Dünger verwöhnt wie noch nie: Ich hatte nämlich entdeckt, dass sich die Plastikeimer, in denen Hühnermistgranulat verkauft wurde, als Minibiotope für Wasserpflanzen bestens eigneten. Und als ich von einer Amsterdamreise zwei weitere Seerosen sowie Lotossamen zurückbrachte, erhielten Rosen, Stauden und die stark zehrenden Gemüse eine Extraportion Nahrung, damit ich noch mehr

Tränende Herzen (Dicentra spectabilis) *mögen einen feuchten Platz im Halbschatten.*

Eimer zur Verfügung hatte. Dass zwei der Lotossamen gediehen, erschien mir wie ein Wunder – in Südafrika hatte ich einmal einen Teich voll mit blühendem Lotos gesehen, ein überwältigender Anblick. Und nun reckten sie ihre rötlichen, runden Blättchen über die Wasseroberfläche meiner Hühnermisteimer, so zart und so vielversprechend!

Da ich weder vom Teichbau noch von Wasserpflanzen die geringste Ahnung hatte, beschloss ich, erst einmal mit einem kleinen Tümpel zu beginnen. Er sollte ein halbes Beet im Gemüsegarten füllen und die Frösche dorthin locken, wo sie hoffentlich in Zukunft fleißig Nacktschnecken fressen würden.

Nachdem ich eine Woche lang gegraben hatte, fragte mein Mann, ob es eigentlich nichts ausmache, dass der Teich am Hang liege, aber ich musste die Frage in meinem Eifer überhört haben. Jedenfalls war ich so sehr mit Schaufeln beschäftigt, dass ich mir zu dem Zeitpunkt über das Gefälle keine Gedanken machte. Stattdessen fuhr ich ins nächste Gartencenter und kaufte Teichfolie, die schockierend teuer war. Der Verkäufer hatte schon Bleistift und Notizblock gezückt, um die Dimensionen zu überschlagen und auszurechnen, wie breit und tief mein Teich sein würde. Nicht nötig, rief ich, ich habe bisher noch alles nach Augenmaß gemacht! Ich sehe ja dann, wie groß das Loch werden muss. Ich ließ ihn die Folie abrollen und sagte nach ein paar Metern: Stopp. Wie Sie meinen, sagte er und half mir, noch einen Eimer mit Wasserpflanzen zum Auto zu schleppen.

Fröhlich grub ich den ganzen Nachmittag weiter, entfernte alle Steine, damit sie die Folie nicht beschädigen konnten, machte am Rand kleine Mulden für diejenigen Wasserpflanzen, die es seicht mochten, grub in der Mitte tiefer für die Seerosen.

Als mir das Loch groß genug schien, legte ich die Folie hinein und begann sie auf der Schräge mit Zement zu bestreichen und schöne Kiesel und Muscheln aufzukleben. Ich zementierte kleine Mulden, in die ich Schwertlilien pflanzte, setzte die Seerosen an der tiefsten Stelle in Teicherde, und schließlich platzierte ich um den Teich herum Brunnenkresse, die anderswo im Garten aufgekeimt war. Als alles fertig war, rieb ich mir zufrieden die Hände, dann holte ich den Gartenschlauch und drehte das Wasser auf.

Die ersten Stunden ging alles gut. Die tiefe Mulde in der Mitte füllte sich, die Seerosenblätter trieben auf der noch trüben Wasseroberfläche. Als der Pegel stieg und nun die so sorgfältig bepflanzte und verzierte Schräge oben am Teich füllen sollte, ging mir langsam auf, dass etwas nicht stimmte …

Mein Mann sah vom Balkon aus zu. Seine Schadenfreude war das Letzte, was ich jetzt brauchte, und so beschloss ich kurzerhand, eine Stützmauer zu bauen, eine Barriere, einen Staudamm. Dann würde es nichts mehr zu lachen geben. Und schon saß ich im Auto und fuhr Richtung Baumarkt.

Zurück kehrte ich mit einem Sack Zement und zwei Säcken Bausand. Noch am selben Abend begann ich meinen Staudamm zu bauen: gut einen halben Meter hoch – so viel betrug der von mir übersehene Höhenunterschied. Da ich noch nie zuvor gemauert hatte und das Resultat schräg und unregelmäßig wurde, baute ich einen alten Ziegel als Sprungbrett für die Frösche ein und konstruierte ein paar Türmchen. Am Ende setzte ich sogar noch eine Plastikente in den halb leeren Teich, die den Goldfischen Gesellschaft leisten sollte, bevor sie vom Kater gefangen wurden.

Kaum dass der Zement halb trocken war, wagte ich einen erneuten Versuch. Diesmal schaute mein Mann nicht mehr verstohlen vom Balkon zu, er stand direkt neben dem Teich. Die halbe Nachbarschaft verfolgte das Abenteuer, wie ich Wasser einließ – wir hätten zur allgemeinen Erheiterung Bier ausschenken, wir hätten Würste grillen und das Unterfangen gleich zur Gartenparty erklären sollen! Da standen sie, die Arme vor der Brust verschränkt, sahen mit ernsten Blicken auf meinen Staudamm herab und geizten nicht mit Ratschlägen.

„Da ist ein Loch in der Mauer", rief das Nachbarsmädchen, und gerade als ich die Silikonpistole auf die Stelle richtete, schrie sie: „Jetzt rinnt es dort drüben!"

So ging es weiter, bis schließlich die Nachbarin fragte, warum ich die Teichmauer eigentlich nicht aus wasserfestem Zement gebaut hätte. Von der Existenz eines solchen hatte ich bis dahin noch nichts gehört. Ein paar Tage später besuchte mich meine irische Yogalehrerin, die wie ich mit einem Hang zum Heimwerken gesegnet war. Angesichts meines Teichdebakels kam sie auf die geniale Idee, einfach einen zweiten, etwas kleineren Teich aus einer Fertigschale in die Mitte des leckenden Originalteichs zu legen und den Zwischenraum mit Sumpferde aufzufüllen: Dort pflanzt du dann deine Iris und die anderen Sumpfpflanzen, das wird alles sehr hübsch und natürlich aussehen!

Gesagt, getan, schon schaufelte ich halb verrotteten Kompost samt einiger Kohlköpfe, deren faulender Gestank mir noch lange in der Nase bleiben sollte, in den Teich, legte die kleinste erhältliche Teichschale darauf – die auch noch munter hin und her schwappte, als ich sie bereits mit Wasser gefüllt hatte. Nichtsdestotrotz bepflanzte ich den Sumpfbereich mit Funkien, die ich aus den Rabatten entlehnt hatte, und mit wilden gelben Iris aus den umliegenden Feldern.

Ein paar Tage lang sah das alles tatsächlich ganz nett aus. Aber die Teichmauer leckte immer noch, und zwar so stark, dass der Sumpf an wärmeren Tagen austrocknete, und die Schwertlilien, denen der frühsommerliche Umzug sowieso nicht bekommen war, welkten schneller, als ich Wasser nachfüllen konnte.

Das Schlimmste an dieser ganzen Teichaktion war aber, dass ich damit auf einen Schlag mein ganzes Ansehen bei den Nachbarn verspielt hatte. Jahrelang hatte ich mich bemüht, den Schwarztee stark genug zu brauen und mich überhaupt anzupassen, so gut es mir möglich war. Aber die Nachbarn hatten jedesmal fassungslos in ihren Tassen gerührt und gewitzelt, ob ich etwa Teebeutel spare. Ich hatte Sandwiches aufgetischt und einmal sogar eine Schale mit Oliven, mir alle Mühe gegeben, sie angemessen zu bewirten, aber Oliven fanden sie absolut schockierend. „Wir sind doch hier nicht in Italien", sagten sie, „wir essen Kartoffeln, aber keine Oliven!"

Und dann fischte der Nachbarsjunge ein Stück Salzgurke aus dem Sandwich und hielt es in die Luft, als ob es sich dabei um ein Haar oder sonst etwas Ekliges handle. Leg es an den Tellerrand, sagte seine Mutter, das würde ich auch nicht essen, was auch immer das ist. Schließlich hatte ich mich an die irischen Essgewohnheiten angepasst, und auch mein Tee war irgendwann stark genug. Die Nachbarn erkundigten sich anerkennend, ob ich jetzt endlich richtigen irischen

Tee gekauft hätte. Ich nickte. Auf der Packung stand bloß: „80 Tee-bags." In Wirklichkeit hatte ich von den Teebeuteln einfach sieben Stück in die Kanne gegeben. Sie stammten aus der Filiale eines deutschen Supermarkts in Donegal Town. Sogar meine Sandwiches wurden nun als genießbar befunden: keine Essiggurken mehr und auch sonst kein kontinentaler Firlefanz. Nur matschiges weißes Toastbrot mit Mayonnaise, belegt mit einer Scheibe Cheddarkäse und einer Scheibe Schinken.

Aber als die Nachbarn meinen Teich sahen, war mein hart erarbeitetes Ansehen auf einen Schlag dahin.

„Sei froh, dass dein Garten am Hang liegt und nicht bei jedem Unwetter überschwemmt ist! Wozu um alles in der Welt willst du ausgerechnet einen Teich im Garten haben?"

„Ich mag das Wasser, darum!"

„Dann fahr doch in die Bucht hinaus, wenn du unbedingt Wasser sehen musst!", riet mir die Nachbarin. „Wasser gibt es weiß Gott genug da draußen!"

Und dann begann es zu regnen. Der Sumpf um meinen Teich herum wurde zu einem echten Sumpf. Die Kohlköpfe, die ich als Füllmaterial verwendet hatte, begannen zu gären. Der Teich stank gotterbärmlich. Und er brachte mir das Meer keinen Millimeter näher.

Überhaupt begann es mir zu stinken in Donegal. Die Nachbarn langweilten mich mit ihren immer gleichen Anekdoten. Und waren wir anfangs noch als Exoten betrachtet worden, die neue Geschichten erzählten, so wurden auch wir ihnen allmählich langweilig. Unsere besten Freunde waren die Katzen, die mit uns Tisch und Bett teilten. Langsam dämmerte uns: Wir würden nicht heimisch werden in Irland, hier in Donegal. Wie sehr wir uns auch bemühten, wir waren Schweizer, und das würden wir auch immer bleiben. Wir verstanden die Einheimischen ebenso wenig wie sie uns. Wir schrieben Bücher, und sie konnten kaum die Zeitung lesen. Wir wussten immer noch nichts über Schafzucht oder die Preise für Heuballen. Wenn ein Lamm entwischte, gelang es uns nur mit größter Mühe, es wieder einzufangen, meistens stellten wir uns dabei so ungeschickt an, dass alle etwas zu lachen hatten.

Und wir entsorgten unser Altglas in der Bottle-Bank, trugen leere Dosen zur Entsorgung und verbrannten nur Papier und Torf im Kaminfeuer. Umso schockierter waren wir, als die Nachbarin Plastiksäcke ins Feuer warf. Ob etwas nicht in Ordnung sei, erkundigte sich die Frau angesichts unserer entsetzten Blicke. Seinen Nachbarn sollte man nicht dreinreden, und wenn man im Ausland lebt, sollte man das erst recht vermeiden. Schließlich gab es nichts Schlimmeres als Zugezogene, die alles besser wussten. Also schwiegen wir. Als die Frau kurz darauf eine leere Kunststoffflasche ins Feuer warf, wagte ich dann doch die Bemerkung, dass giftige Dämpfe entstehen würden. Das wisse sie sehr wohl, antwortete die gute Frau, aber der Wind trage den Gestank ja zum Glück nach Nordirland, bei Sturm sogar bis nach England hinüber. Im Übrigen habe sie herausgefunden, dass sogar Coladosen aus Aluminium gut brannten, wenn das Feuer nur heiß genug sei. Sie sagte das mit solcher Überzeugung, dass jeder weitere Einwand ihre Gastfreundschaft verletzt hätte.

Irgendwann fragte ich mich, ob etwa am Ende ich falsch lag mit meiner manischen Abfalltrennung – und stopfte versuchsweise ein paar leere Weinflaschen in den Müllsack. Vielleicht regte mich der Dreck an den Straßenrändern weniger auf, wenn ich meine Abfälle auch einfach aus dem Autofenster schmiss? Ich probierte es aus. Da mir seit frühester Kindheit eingebleut worden war, dass man nichts auf die Straße wirft, musste ich mich zu diesem Schritt geradezu überwinden: Ich mobilisierte meine ganze Zivilcourage, kurbelte die Scheibe herunter und übergab eine leere Chipspackung dem Fahrtwind. Weder hielt mich die Polizei an noch hupten oder blendeten die Autos hinter mir auf. Ich warf dann noch eine Coladose und zwei zerknüllte Papiertaschentücher hinterher. Außer mein eigenes Gewissen störte das wohl niemanden, und so habe ich damit wieder aufgehört.

Die Schwarzäugige Susanne (Thunbergia alata) *mag ein warmes Plätzchen an der Sonne, dann blüht sie bis weit in den Herbst hinein.*

Irgendwann während des fortschreitenden Wirtschaftsbooms wurden dann sogar in der irischen Presse Stimmen laut, die sich über den allgegenwärtigen Müll aufregten. Die „Irish Times" druckte die Reportage einer französischen Journalistin ab, die entsetzt darüber war, wie die Iren ihre Landschaft, deretwegen die meisten Touristen anreisten, achtlos vermüllten. In der „Tribune on Sunday" wurden Fotos von Abfall in den Straßen, an den Stränden und in den Wiesen abgebildet, und der Reporter kommentierte, das also sei das tolle neue Gesicht des modernen Irland. „Müll ist wie Sünde", folgerte der Journalist, „wir sind alle dagegen und tun es doch."
In den Hügeln von Donegal aber blieb alles beim Alten. Ich fühlte mich fremder und fremder. Die Besuche der Neugierigen hatten nachgelassen, nur noch gelegentlich kam jemand vorbei, um zu sehen, wie meine Pflanzen gediehen. Ich verwickelte Gartengäste in Fachsimpeleien. Sie ließen sich leicht beeindrucken; bald kannte ich die Pflanzennamen auch auf Englisch, sogar besser als die meisten Einheimischen. Aber dass man in meinem Garten allerhand essen konnte, dass es Kräuter gab, die dufteten und zum Teil auch medizinische Eigenschaften hatten, das war den Leuten suspekt. Zumal einige meiner Pflanzen hochgiftig waren: Eisenhut, Fingerhüte, Tollkirschen. Meine Nachbarin, die während unserer Abwesenheit die Katzen fütterte, traute sich nicht einmal, Erdbeeren und Tomaten zu pflücken!

„Ich habe jedenfalls keine Angst vor deinen Pflanzen", sagt mein Liebster, „ich finde deine Hexenkräuter faszinierend. Bevor ich dich kannte, hatte ich ja keine Ahnung von den dunklen Seiten eines Gartens!"
„Das war mir gleich klar damals im Juni, dass du verstehen würdest, was mir die Pflanzen bedeuten. Wie du damals an den Rosen gerochen hast, das war unglaublich, als ob du Wein degustieren würdest. Und wie du über die verschiedenen Düfte gesprochen hast, ja, das hat mich beeindruckt."
„Ich habe doch keine Ahnung von Rosen!"
„Immerhin kannst du eine Rose von einer Tulpe unterscheiden. Und das Gerüst für die Kletterrosen, das du an meiner Fassade angebracht

hast, das ist perfekter als alles, was ich in meinen Gärten je gebaut habe. Du hast die geraden Linien eingeführt in meinem Gärtchen. Bisher war ja noch nie etwas im Lot bei mir.“

Die Glasscherbe schimmert milchig in meiner Hand, ich wiege sie hin und her, halte sie in die Sonne.

„Schau, genau diese Farbe hatte der Atlantik in jenem Sommer!“

„Weißt du noch, wie wir im Planschbecken deiner Tochter lagen?“

„Ein See muss nicht groß sein, um ein See zu sein ...“

„Wir haben das ganze Wasser verdrängt!“

„Es war der schönste Sommer meines Lebens. Wie wir jeden Abend im Garten verbrachten, wie wir zusammen Feuer machten und Gäste bewirteten. Wie der Mond über dem Wald aufging und die Igel zwischen unseren Füßen nach Essensresten suchten ...“

„Das Unglaublichste war, dass du immer wieder gesagt hast: Ich helfe dir. Das hatte noch nie ein Mann zu mir gesagt, einfach so, ich helfe dir.“

„Und wie wir in der Hollywoodschaukel lagen und bis in die Morgenstunden redeten.“

„Damit hatte niemand gerechnet – weder mit der Hollywoodschaukel noch mit uns beiden!“

„Wir sind unberechenbar geworden. Seit wir zusammen sind, weiß niemand mehr, was wir als Nächstes tun.“

„Jedenfalls hätte ich nie geglaubt, dass in einem meiner Gärten dereinst eine Hollywoodschaukel stehen würde!“

„Und das alles nur, weil dein hübsches himmelblaues Vintage-Bänklein so unbequem war!“

„Jeden anderen Mann hätte ich gleich rausgeworfen wegen dieser Idee. Aber wie du in jener lauen Sommernacht das Unsägliche ausgesprochen hast, schlimmer als jeder aufblasbare Swimmingpool und jede Hello-Kitty-Spielhütte, die ich bisher erfolgreich aus meinem Garten ferngehalten hatte, ein Wort, das auf der Skala des guten Geschmacks zu Buche schlägt wie, sagen wir, zweihundert Gartenzwerge. Eine Hollywoodschaukel, hast du in mein Ohr geflüstert, das wäre schön. Und ich lachte und ergänzte: So ein riesiges Ungetüm aus dem Siebzigerjahren, mit dicken Blümchenpolstern und einem gerüschten Baldachin.“

Wir sehen einander an wie in jener Vollmondnacht und brechen erneut in Gelächter aus.

„Oder eine aus dem Baumarkt, groß und hässlich und ganz aus Plastik!"

„Genau, eine Hollywoodschaukel aus dem Baumarkt!"

„Und ich habe dir gedroht, dass ich deine Architektenkollegen einlade und allen sage, dass du die Schaukel gekauft hast! Und du wolltest meinen Kundinnen erzählen, dass das meine Idee war."

„Jedenfalls hätte ich dir nicht zugetraut, dass du sie dann wirklich kaufst!"

„Ich habe damals versuchshalber einigen Freunden von dem Plan erzählt, die Reaktionen reichten von: ,Du spinnst!' bis zu: ,Was man nicht alles macht, wenn man verliebt ist ...' Und dann habe ich dieses Ausstellungsmodell zum halben Preis gesehen."

„Das hast du mir gar nicht gesagt, dass sie heruntergesetzt war!"

„Hässliche Dinge kaufe ich nur zum halben Preis."

„Jedenfalls warst du wieder mal schneller. Als ich dich am nächsten Abend besuchte, stand sie schon dort, mit Kissen und Decken drauf und Laternchen, die vom Baldachin hingen. Erst am nächsten Morgen ist mir klargeworden, dass du die Eibe zurechtgestutzt hast, um Platz zu schaffen, dass du das ganze Beet mit den Storchschnäbeln entfernt hast ... Ich staune ja immer noch, wie schnell du im Garten arbeitest."

„Ich habe einfach alles abgesägt und ausgerissen, was unserer neuen Hollywoodschaukel im Weg stand."

„Und so jemand nennt sich Gartenexpertin! Die Pflanzen hast du alle in die grüne Tonne gestopft?"

„Den *Rhododendron narcissiflorum* habe ich nicht weggeworfen, der steht noch immer in einem Kübel herum und wartet auf ein gutes Plätzchen. Unter der Eibe war er jedenfalls nicht glücklich gewesen, und außerdem habe ich beim Ausbuddeln eine ganze Handvoll Dickmaulrüsslerlarven erwischt."

„Ich will ja nicht behaupten, dass die Hollywoodschaukel das Beste sei in deinem Garten. Aber ich bin dir dankbar, dass du sie gekauft hast!" Meine Tante, meine Nachbarin und die Kinder von gegenüber hatten jedenfalls keine Hemmungen zu sagen, die Schaukel sei das Beste in meinem Garten! Sogar meine Tochter war begeistert. Die Hollywood-schaukel versöhnte sie ein bisschen mit dem Hello-Kitty-Haus und der Kinderschaukel aus rosarotem Plastik, die ich ihr einen Monat zuvor partout nicht kaufen wollte, weil ich sie hässlich fand. ....◄

Das gläserne Paradies

▶......................... Über San Michele, der Friedhofsinsel, reißt der
Himmel ein Auge auf, minutenlang starrt uns das Zyklopenauge an.
Wir lehnen uns über die Reling und starren zurück, bis uns das
Himmelsauge seine Regenbogeniris zeigt.
Plötzlich tippt mich ein schlaksiger Junge an die Schulter und fragt,
ob er auch kurz an der Reling stehen und schauen dürfe. Er lässt seine
Mutter vor, eine lächelnde Frau mit roten Haaren. Auch er hat rote
Haare und Sommersprossen und ein freundliches, hübsches Gesicht.
„Die kommen bestimmt aus Irland", sagt mein Liebster.
„Sie haben einen südafrikanischen Akzent", sage ich, „oder austra-
lisch. Vielleicht war der Junge noch gar nie in Irland."
„Wie kommst du drauf?"
„Die smarten, gut aussehenden Iren leben nicht in Irland."
Ich hatte mal einen kennengelernt, der sah diesem ganz ähnlich,
Liam hieß er. Mit seinem roten Haarschopf und dem gewinnenden
Lächeln sah er aus, als käme er direkt aus einem Irland-Reiseführer,
nur dass er viel besser angezogen war. Er trug Markenjeans und ein
trendiges Surfer-T-Shirt, und auch der Haarschnitt wirkte sehr
zeitgemäß. Er habe noch nie irischen Boden betreten, genauso hatte
er das formuliert, damals im Intercity von Marseilles nach Genf, ich
habe noch nie irischen Boden betreten, und ich staunte, mit welcher
Ernsthaftigkeit der junge Mann, der so cool wirkte, das sagte. Wir
zeigten einander unsere irischen Pässe. Er wohne in Kapstadt und
London und habe gerade seine Mutter besucht, die in Frankreich
lebte. In Zürich habe er auch noch eine Wohnung, er arbeite für eine

Blüten wie ein Kunstwerk aus Glas: Schopflavendel (Lavandula stoechas)
gedeiht in kühleren Gegenden am besten als Kübelpflanze.

englische Bank und verbringe den größten Teil seiner Zeit im Flugzeug. Aber in Irland, in der Heimat seiner Vorfahren, da sei er noch nie gewesen, ja, er habe tatsächlich noch nie irischen Boden berührt.
Ich wühlte in meinem Rucksack und holte eine Plastiktüte hervor. Sie enthielt ein paar seltene Schneeglöckchen in schwarzer irischer Erde, damit sie nicht austrockneten. Ich hielt ihm den Sack entgegen.
Irische Erde, sagte ich. Er fasste hinein, sah mich ungläubig an.
Die Situation war völlig absurd, das war uns beiden klar. Und doch, er hatte Tränen in den Augen, als er die Nase in die Plastiktüte steckte, an dem irischen Humus roch. Mit Erde zwischen den Fingern summte er schließlich die Melodie von Danny Boy. Jetzt hatte auch ich Tränen in den Augen. Wir lachten und wir weinten, zwei Gestrandete in einem Intercity nach irgendwo. Ich hatte nur noch diesen Klumpen Erde mit den paar Schneeglöckchenzwiebeln drin, als könnte ich ein Stück Heimat mit mir herumtragen. Sonst hatte ich nichts mehr, keine Wohnung, keinen Mann, keinen Job und kein Geld, ich war vogelfrei, und das sagte ich ihm auch.
„Komm zu mir nach Kapstadt!", sagte der hübsche Ire, der noch nie in Irland gewesen war.
„Erst muss ich ein Plätzchen finden für meine Schneeglöckchen."
In Genf tauschten wir die Telefonnummern, umarmten uns länger, als es sich für Fremde gehörte, die sich eben im Zug kennengelernt hatten. Ein paar Wochen später rief er mich an, und wir fuhren zusammen nach Grindelwald. Wir wanderten bis zum Eigergletscher hinauf, später fuhren wir über den Brünig nach Luzern, tranken Champagner in der Schweizerhof-Bar, und er fragte noch einmal, ob ich mit ihm nach Südafrika käme, er erzählte von seinem Haus, von seinen liebsten Surfstränden, von seiner Familie.
„Das würde mir sicher gefallen", sagte ich.
Er griff nach meiner Hand, sah mich an mit seinen atlantikblauen Augen. Oh, er hatte schöne Augen! Aber ich war gerade dabei, die Schweiz für mich neu zu entdecken. Er hat mir dann noch zwei, drei Mal geschrieben, hat mir Gedichte gemailt von afrikanischen Lyrikern, irgendwann habe ich nichts mehr von ihm gehört.
„Da hab ich aber Glück gehabt!", sagt mein Liebster und schließt mich

in die Arme, „stell dir vor, du wärst damals mitgegangen ..."

„Ich habe lange gebraucht, um in der Schweiz anzukommen", sage ich. „Die ersten Jahre wollte ich immer wieder abhauen, Südafrika, Rom, Barcelona, irgendwohin, wo ich hätte neu anfangen können."

„Du hast mir nie von deiner Rückkehr erzählt."

„Mit meinem irischen Pass bin ich am 1. Juni 2004 in Genf eingereist."

„Auf den Tag genau sieben Jahre, bevor wir zusammenkamen! Sieben biblische Jahre, wer weiß, was das bedeutet."

„Ich hoffe, wir werden mehr als sieben gute Jahre zusammen haben."

„Ja, das hoffe ich auch. Und bitte keine dritte Scheidung."

„Mir reicht schon eine", sagt mein Liebster. „Weiß der Teufel, warum du dann gleich noch einmal geheiratet hast."

„Ich habe niemandem mehr vertraut damals. Ich habe mir überhaupt nicht mehr vorstellen können, jemals wieder glücklich zu sein. Meine zweite Heirat war eine Kapitulation, nicht mehr und nicht weniger."

„Hast du deinen Jugendfreund geheiratet, weil dir nichts Besseres einfiel?"

„Ich gebe es zu."

„Du hättest auf mich warten können ..."

„Ich bin froh, dass wir uns nicht schon damals begegnet sind! Ich habe meine Umwege gebraucht, ich musste alles noch einmal durchmachen, um zu begreifen, wo das Problem liegt."

„Ich wäre ja auch nicht parat gewesen. Aber deine Rückkehr, erzählst du mir jetzt davon?"

Ich hatte nur meinen Laptop dabei, Manuskripte und Disketten, den CD-Player und ein paar Kleider, die ich in der Eile des Aufbruchs wahllos in die Tasche gestopft hatte. Immerhin dachte ich an den CD-Player. Tausendmal hörte ich in jenen Tagen das Lied „Lost cause" von Beck, ich hörte Emmylou Harris, PJ Harvey und immer wieder Air, mit den schwebenden Klängen und dem französischen Akzent. Die ersten zehn Tage nach meiner Rückkehr verbrachte ich im Atelier einer Freundin in Bern und schrieb Gedichte. Seit ich Irland verlassen hatte, war mein Kopf voller Worte, Sätze. Ich wob das Netz meiner Zeilen zwischen ihre Steinböcke und Schubladenfrauen, neue Verse nisteten sich ein zwischen den Katzenohren und Traumvögeln. Meine

Röcke flatterten als bunte Flaggen über ihren Entwürfen, und die Schnittstellen unserer Gespräche überlagerten sich mit den Nähmaschinennähten, die sie ihren Bildern zufügte. Inmitten der vertrauten Zeichnungen und Collagen habe ich Mut geschöpft, um die Scherben meines Lebens neu zusammenzufügen.

Jeden Morgen rannte ich eine Stunde an der Aare entlang, sog die frische Gletscherluft ein, die aus dem Fluss aufstieg. Ich traf alte Bekannte, ich besuchte die Verwandten. Aber vor allem kaufte ich Schuhe. Was soll man sonst tun, wenn man den Boden unter den Füßen verloren hat? In meinen ersten Tagen in Bern kaufte ich neun Paar Schuhe. Mein Bruder richtete mir eine Internetadresse ein, und ich besorgte mir ein Handy mit Schweizer Nummer, obwohl ich noch immer ein irisches Telefonabo hatte. Aber offenbar funktionieren ausländische SIM-Cards nicht im Schweizer Netz, und ich musste gleich ein neues Gerät dazukaufen.

Abends trank ich im Rosengarten Bier und sah auf die Stadt hinunter, teilte meinen irischen Freundinnen per SMS mit, ich sei in der schönsten Stadt der Welt angekommen.

An einem dieser Tage schlenderte ich über die Kornhausbrücke, als gerade eine Tram vorbeifuhr. Der Boden vibrierte wie früher, die Vibrationen des Eisens übertrugen sich auf meine Fußsohlen. Ich klammerte mich ans Geländer, hielt inne. Und sah dieses Bild aus früher Kindheit – wie oft war ich an der Hand meiner Großmutter über die Kornhausbrücke gegangen. Jedes Mal war ich stehen geblieben und hatte mich am Geländer festgehalten, wenn eine Tram vorbeifuhr. Und meine Großmutter hatte neben mir gewartet. Während sich die Brücke langsam beruhigte, hatten wir die Berge beim Namen genannt: Wetterhorn, Schreckhorn, Eiger, Mönch und Jungfrau. Da ist dein Großvater hinaufgeklettert und dort auch. Sie zeigte mit spitzem Finger auf Gletscher und Felszacken und Gipfel.

Eine rote Pelargonie kommt selten allein. Hier eine namenlose hängende Sorte aus dem Steckling, den mir eine Freundin geschenkt hat.

Und auf der Blüemlisalp bin ich selber gewesen! Ich stand am Geländer und spürte, wie die Brücke allmählich ausschwang, und vor meinen Augen standen die Alpen, groß und mächtig und gestochen scharf. In diesem Moment hatte ich das Gefühl, heimgekommen zu sein.

Am nächsten Tag fuhr ich auf die Kleine Scheidegg und stieg zum Eigergletscher hoch. Ich musste das Eis mit eigenen Händen anfassen, um zu glauben, dass es wirklich und noch da war.

An manchen Nachmittagen flanierte ich unter den Lauben und träumte von einer Wohnung, einem Zimmer in der Berner Altstadt. Mit wachsendem Entsetzen studierte ich den „Stadt-Anzeiger" und machte mir klar, dass unter tausend Franken kaum etwas zu haben war. Zu dieser Zeit hatte ich kein Einkommen, und mein Vermögen reichte gerade für einen alten Golf. In der Schweiz kann man jedoch kein Auto anmelden, ohne einen Wohnsitz zu haben. Und für eine Wohnung fehlte mir der Job. Noch mehrmals in den folgenden Monaten stand ich vor dem Dilemma, das eine nicht kriegen zu können, ohne das andere bereits zu haben, was wiederum von etwas abhing, wofür man erst einmal dies und das brauchte. Schließlich durchbrach ich den Teufelskreis, indem ich im August eine Wohnung mietete, deren Adresse ich schon benutzen durfte, obwohl ich erst im November einziehen konnte. Ich druckte Visitenkarten, und von da an ging es aufwärts.

Den Golf hatte ich im Juni in Frankreich angemeldet, wo meine Eltern lebten. Ich stopfte alle meine Habseligkeiten in den Kofferraum, klebte mit einem Kaugummi eine ausgestopfte irische Ente ins Auto, und auf dem Rücksitz fuhr mein alter Teddybär mit – Teddys gehören nicht in Bananenkisten. Und dann musste ich lernen, wieder rechts zu fahren. Noch nach Wochen zuckten meine Beifahrer in jeder Kurve zusammen. Auch musste ich mich daran gewöhnen, dass in der Schweiz für Fußgänger angehalten wird – in Irland wäre es niemandem in den Sinn gekommen, die Straße direkt vor einem heranfahrenden Auto überqueren zu wollen.

Ich blieb kaum länger als eine Woche am selben Ort. In fremden Küchen habe ich mein altes Leben abgestreift, unter den Duschen meiner Freundinnen habe ich mir die Vergangenheit vom Leib geschrubbt. Vogelfrei bin ich gewesen in jenen Sommerwochen und bereit, mein eigenes Leben neu zu erfinden. Die paradoxe Situation amüsierte mich: um in meine alte Heimat zurückzukehren, hatte ich erst einmal heimatlos werden müssen. Anfangs war ich erleichtert gewesen, den Ballast meiner bisherigen Existenz losgeworden zu sein. Das Einzige, was ich wirklich brauchte, waren Sommerkleider, Blumensträuße und ein Badezimmer.

Allerdings begann ich bald, meine Bibliothek zu vermissen. Ich sollte über Bücher schreiben, die sich noch in einer Kiste in Donegal befanden. Einiges ließ sich im Internet zusammensuchen, aber auf die Dauer braucht man doch die vertrauten eselsohrigen Papierausgaben. Und nach einigen Wochen des Unterwegsseins wünschte ich mir auch, meine Kleider würden wieder ordentlich gebügelt in einem Schrank hängen. Ich konnte die schwarzen Klamotten von früher nicht mehr anziehen, kaufte mir pastellfarbene und weiße Sachen, und ein neues Paar Lieblingsjeans, schneefarben. Der Teddy war bald unter Tüten und Taschen begraben. Ich füllte das Auto wie eine Schnecke ihr Haus.

Als ich im Juli wieder nach Frankreich fuhr und mein Vater die Seitentür öffnete, fielen die Schuhe im Dutzend heraus, eine Flut aus Sandalen und Pumps, Sandaletten und Stiefelchen und Flipflops ergoss sich in die Wiese vor dem Haus meiner Eltern. Stundenlang wühlte ich mich durch die Innereien meiner Reisetaschen, die sich im Kofferraum wie die sprichwörtlichen Karnickel zu vermehren schienen. Mal legte ich alle sauberen Sachen in die beige, die getragenen in die blaue Tasche, dann wieder alle T- Shirts in die eine, die Röcke in die andere Tasche.

Bankkonten, saubere Socken, der Duden: jedes Mal, wenn ich etwas brauchte, ging das Kramen und Graben wieder von vorne los. Im Reich der Kisten und Taschen löste sich meine Identität langsam, aber sicher auf. Und der mit Fliegendreck verschmierte Himmel des Golfs hing mitunter sehr tief über meinem Kopf. Inzwischen freute ich mich über einen Tisch, über ein Zimmer mit Fenster und über ein paar Stunden Ruhe, um endlich an meinen Gedichten weiterarbeiten zu können.

Im August verbrachte ich einige Tage in Twann. Ich schwamm im
Bielersee, ein, zwei Kilometer am Ufer entlang. In regelmäßigen
Abständen tauchte ich auf, um Luft zu holen, um mich nach Booten
umzusehen und den Kursschiffen auszuweichen. Auf der Höhe des
alten Bootshauses sah ich einem aufspringenden Felchen nach, und
plötzlich standen sie gewaltig und erhaben vor mir: Eiger, Mönch und
Jungfrau. Noch im Schwimmen rieb ich mir ungläubig die Augen.
Und wusste im nächsten Moment: Hier würde ich bleiben.
Zwei Tage später hatte ich ein Gärtchen am See, so klein wie ein
fliegender Teppich, aber mit Wasser auf zwei Seiten. Und ich hatte eine
Wohnung nur fünf Minuten entfernt im Dorf. Abends saß ich auf dem
Bootssteg beim Gärtchen und sah zu, wie sich die Alpen im Abendrot
verfärbten. Und abermals hatte ich das Gefühl, heimgekommen zu sein.
Die Schweiz, in die ich zurückkehrte, war aber nicht mehr das Land,
dem ich acht Jahre zuvor den Rücken gekehrt und das ich seitdem nur
selten und jeweils nur für wenige Tage besucht hatte. In Biel, wo ich
aufgewachsen war, fehlten ganze Straßenzüge, Häuserreihen waren
einfach verschwunden. Einbahnsignale hatten geradezu inflationär
zugenommen, es gab neue Fußgängerzonen, Fahrverbote, Sackgassen.
Die großen Einkaufszentren befanden sich nun auf der anderen Seite
der Stadt – Passanten hatten sich an die Stirn getippt, als ich durch
Brügg irrte und das Carrefour suchte.
„Das hab ich zu verantworten", sagt mein Liebster.
„Was?"
„Das neue Einkaufszentrum in Brügg."
„Ich werde es dir nachsehen."
Wir lachen beide.
Damals war ich sehr verwirrt, ich erkannte nichts wieder. Neben dem
Durchgang zum Täuffelenbähnchen befand sich eine moderne
Unterführung, es gab eine neue Coop-Filiale, ein Communication
Center, einen Robert-Walser-Platz. Vergeblich versuchte ich, die
Namen der aktuellen Bundesräte aufzuzählen. Auf den Kioskaushän-
gen der Zeitschriften waren Köpfe abgebildet, die mir nichts sagten.
Und wenn ich einen Fernseher andrehte, flimmerten Lokalsender
und Programme über den Bildschirm, von denen ich noch nie gehört

hatte. Spiele wurden gespielt, deren Regeln ich nicht verstand. Auf der Post und am Bahnhof musste man nun Zettelchen mit Wartenummern ziehen. Als ich endlich an die Reihe kam, löste ich ein Halbtagsabo für drei Jahre: Mindestens so lange würde ich in der Schweiz bleiben. Hätte es eines für zehn Jahre gegeben, ich hätte auch das gekauft, oder gar eins fürs ganze Leben.

Auch meine ersten Einkäufe waren von Überraschungen geprägt. Als ich zum ersten Mal wieder in einem Schweizer Supermarkt stand und realisierte, was für ein immenses Angebot an allem Möglichen es inzwischen gab, fiel ich fast in Ohnmacht. Die schiere Fülle überwältigte mich und ich brauchte Stunden, um einfach nur etwas zu essen zu kaufen. An der Kasse verstand ich nicht, was die Verkäuferin mit Cumulus-Karte meinte. Sie fragte, ob ich vom Mond komme. Nein, aus Irland, sagte ich, und sie wandte sich kopfschüttelnd ihrer Kasse zu. Aber eine Postcard habe ich, sagte ich und hielt ihr stolz das gelbe Plastikstück entgegen. Das Postscheckkonto war das einzige Schweizerische gewesen, das ich in Irland beibehalten hatte; alles andere, von der Pensionskasse über die Krankenversicherung bis zum Führerschein, musste ich in den Wochen und Monaten nach meiner Rückkehr mühsam wieder organisieren. Angesichts meines gelben Kärtchens tippte sich die Verkäuferin an die Stirn, brummte „Hier rein!", und schob ein elektronisches Kästchen an einem schwenkbaren Arm unsanft in meine Richtung.

An solche Kleinigkeiten gewöhnt man sich schnell. Länger dauerte es, bis sich mein in Irland etwas verschwommenes Zeitgefühl wieder Schweizer Verhältnissen anpasste. Ich komme nicht gern zu spät und glaube, dass ich von meiner Natur her eher zu den pünktlichen Menschen gehöre. Aber in der ersten Zeit, die ich wieder in der Schweiz lebte, rann mir die Zeit nur so durch die Finger, und ich hechelte meinen Abmachungen hinterher wie ein Hund einem Knochen. Während ich eine Person anrief, um mich für die Verspätung zu entschuldigen, verstrich bereits der nächste Termin. Das komme davon, dass ich zu lange redete, meinte ein alter Freund. Ich wunderte mich, wie kurz die Leute in der Schweiz telefonierten. In Irland hätten solch knappe Gespräche als unhöflich gegolten.

Gegen Herbst hin beschloss ich, effizienter zu werden. Effizienz! Ein
Wort, das in der Schweiz hätte erfunden worden sein können. Ich
bekam ein Handy mit elektronischer Agenda geschenkt, damit ich mit
meinem Zettelkram aufräumte und meine Termine organisierte. Das
alte irische System der Papierservietten- und Bierdeckelkritzeleien
war heillos überfordert, da ich nun jeden Tag einen Rattenschwanz
von Dingen zu erledigen hatte.

Neuerdings hatte ich wieder ernsthaften, auch offiziellen Papierkram
zu bewältigen. Es galt, eine Buchhaltung zu führen, den Überblick zu
behalten. Alles, was nach Zahlen aussah, einfach in den Papierkorb
zu befördern, war nicht mehr drin. In meinem Briefkasten sammelten sich Formulare, Anträge und Abrechnungen. Auch freundliche
Post erhielt ich, Briefe von alten Bekannten und Einladungen. In
meiner elektronischen Mailbox herrschte neuerdings ebenso reger
Betrieb. Das Telefon klingelte öfter, der SMS-Speicher füllte sich fast
täglich.

Zeitgefühl war mir völlig abhandengekommen. Die Monate rauschten
nur so ins Land. Mitunter hielt ich kurz inne und stellte fest, dass ich
noch gar nicht recht vorwärtsgekommen war. Tage, Wochen verschwanden einfach so, oft wusste ich nicht einmal das Datum. Gelegentlich ertappte ich mich dabei, dass ich noch in irischer Zeit dachte
und in Gedanken eine Stunde voraus war. Ich erschrak und eilte
weiter. Versuchte, nicht auf die wachsenden Listen der noch ungeöff-
neten E-Mails zu schauen – ich hatte sonst die Gewohnheit, auf alles
so ziemlich sofort zu antworten.

Ich wusste nicht mehr, wo Stunden und Tage geblieben waren – wahrscheinlich auf der Autobahn. Ich stellte mir meine Zeit als schwarzen
Bremsstreifen vor, irgendwo zwischen München und Barcelona klebte
sie auf dem Asphalt, der nun vom Raureif glatt wurde und verblich.
Als ich den alten Golf im November ein letztes Mal nach Frankreich
fuhr, um ihn wieder zu verkaufen, denn ich hatte kein Geld mehr, um
Winterreifen anzuschaffen, zeigte der Tacho sechzehntausend Kilometer mehr als im Juni.

Und dann kam der November und ich bezog am Bielersee nach über
zehn Jahren meine erste eigene Wohnung, zwei kleine Zimmer, die ich

einrichten konnte, wie ich wollte, oder jedenfalls so, wie ich es vermochte. Nach wenigen Tagen sah es – halbwegs zu meinem Amüsement, halbwegs zu meinem Entsetzen – aus wie in meiner ersten WG: eine Mischung aus Ikea und Second Hand und dem, was Verwandte übrig hatten. Mein alter Schreibtisch, dessen Holzplatte ich als Teenager lindgrün lackiert und mit Sprüchen vollgeschmiert hatte, Großvaters Küchenschrank mit den verstaubten Glastürchen und ein gebrauchtes Sofa von meiner Tante.

Und die Nerven! Ich fluchte wie eh und je, als ich versuchte, drei Kleiderstangen und die Bauteile des chromstählernen Kellerregals Omar zusammenzuschrauben. Dreimal bin ich in jenen Tagen zum Möbelhaus nach Spreitenbach gefahren – bis ein Freund mich fragte, warum um Gottes Willen ich nicht nach Schönbühl ginge, das doch viel näher liege. Da erst wurde mir bewusst, wie sehr sich in den acht irischen Jahren mein Gefühl für Entfernungen verschoben hatte. Zwei Stunden Autofahren, um ein paar Regale zu kaufen, schien mir so normal, dass ich nicht einmal darüber nachgedacht hatte. Alles, was weniger als drei, vier Autostunden entfernt lag, war nicht wirklich weit weg. Und in dem Moment wurde mir klar, dass ich somit praktisch in der ganzen Schweiz zu Hause war.

Die alten Glasfabriken von Murano sind geschlossen über die Feiertage, und diejenigen, die für die Touristen geöffnet haben, meiden wir. Ich stoße ein schweres Tor auf, das nur angelehnt ist, wir klettern über einen rostigen Zaun. Die Fenster schillern in allen Farben, angerostet die Rahmen, aber noch intakt. „Fratelli Toso" – der Schriftzug bröckelt auf der brüchigen Backsteinmauer. Hinter dem Tor wartet das Paradies: große rostige Container voller Scherben, in allen Farben funkeln sie, wir haben nichts weniger als den Schatz von Murano gefunden! Mit bloßen Fingern wühle ich mich durch die Kostbarkeiten. Hier ein abgebrochener Flügel, da ein Pferd, dem nur der Schwanz fehlt. Zerbrochene Märchenfiguren, Träume, die in Scherben vor mir liegen, ich bin hingerissen. Mit blutenden Fingern arbeite ich mich durch die Container, finde Glasnuggets in bizarrsten Formen, Tropfen, Glastränen.◄

Rosenduft und Weihrauch

▸.............................. Crevettenschwänze und leere Muschelschalen häufen sich auf unseren Tellern. Der Kellner bringt Spaghetti, gibt sie in die Soße, die im großen Topf auf dem Tisch dampft. Ein deutsches Paar am Nebentisch nickt uns anerkennend zu, die Spezialität des Hauses, sagt der Mann, wir kommen jedes Jahr hierher, um Spaghetti und Meeresfrüchte zu essen.

„Glückspilze", sagen wir, „jedes Jahr in Venedig!"

Der Herr erzählt uns von seiner Arbeit als Kunsthistoriker, fragt, ob wir Torcello schon besichtigt hätten.

„Wir waren in Murano, haben den ganzen Nachmittag in den Glasscherben gewühlt", berichte ich und zeige ihm die Pflaster an meinen Fingern.

„Herrje", sagt der Kunsthistoriker. „Und das Beste habt ihr verpasst. Im 5. und 6. Jahrhundert hatte Torcello zwanzigtausend Einwohner", erzählt er. „Die Basilica di Santa Maria Assunta gilt als ältestes Gebäude der Lagune, aber der Hauptteil stammt aus dem 7. Jahrhundert, ein eindrücklicher byzantinischer Bau mit beachtlichen Mosaiken. Das Jüngste Gericht an der Westwand müsst ihr euch unbedingt ansehen!"

„Und was ist mit den Häusern aus den beiden Jahrhunderten davor geschehen?"

„Die Menschen sind vor den Mücken und vor den Sandstürmen geflohen. Die Kanäle waren ja damals voller Schlamm und Schlick und Dreck. Und so haben die Leute von ihren prächtigen Palazzi mitgenommen, was sie konnten, und sind in das Gebiet um den Rialto gezogen, wo das Wasser noch sauber war und der Sand sie nicht plagte.

Goldlack (Erysimum cheiri) *und Vergissmeinnicht* (Myosotis sylvatica) *tanzen gemeinsam durch die Frühlingsbeete.*

Die einstmals prächtigen Palazzi von Torcello wurden geplündert und dem Verfall überlassen."

Wir versuchen uns vorzustellen, wie sie damals Möbel und Türen und Fenster auf ihre Boote geladen haben und mit ihrem ganzen Hausrat durch die Lagune gerudert sind.

„Venedig wurde aus den Überresten von Torcello aufgebaut", sagt der Kunsthistoriker.

Überreste, Fluchtstücke, denke ich, wie ich damals mit Versatzstücken meines Gartens durch die Weltgeschichte geirrt bin. Große Pläne im Kopf und im Koffer faulendes Pflanzenmaterial. Grüngut, das sich in abgeschnittenen Kunststoffflaschen langsam zersetzte, ein paar Zwiebeln, modernde Schneeglöckchen, Samen, Steckhölzer. Ich habe versucht, meinen Garten mitzunehmen. Aber mitnehmen lässt sich letztlich nur das Bild, das man im Kopf hat. Und damit fängt man neu an.

Ich erzähle von den Staudenrabatten, die mit der Distanz der Jahre in meiner Erinnerung immer perfekter wurden, in denen alles auf einmal blühte - wenn ich jetzt daran zurückdenke, ein sagenhaftes Feuerwerk aus Blumen und Düften, ineinandergreifenden Farben und Strukturen. Erst in meiner Erinnerung fügten sich die Bilder meines irischen Gartens zur Perfektion. Immer wieder tauchte er auf in meinen Träumen, erschien mir als das Paradies schlechthin.

Mein Garten der Erinnerung ist ein Museum, es sind nur noch Fotos übrig, Bilder. Und doch sehe ich ihn vor mir, so real, als wäre ich erst gestern gegangen. Ich kann immer noch die schwarze Erde fühlen unter meinen Fingernägeln, ich höre die Schafe blöken jenseits des Zauns. Ich rieche den Duft der Rose *Constance Spry*. Mir scheint, mit jedem weiteren Umzug sei ihr Parfüm etwas schwächer geworden, ihre Blüten kleiner, sie verblassen mir unter den Händen.

„Wenn ich noch einmal einen Garten anlege, dann kaufe ich neue Rosen", verkünde ich im Kerzenschein des Restaurants, „dann fange ich noch einmal ganz von vorne an!"

„Wie oft hast du sie eigentlich ausgebuddelt?"

„Gar nicht so oft."

Ich habe sie von Irland nach Twann gebracht. Drei Jahre später bin ich mit ihnen von dort auf den Tessenberg gezogen. Und jetzt sind sie in

Biel. Zum Glück waren einige der Rosen bei meinem Umzug auf den
Tessenberg schon zu groß, und ich, hochschwanger, hatte nicht mehr
die Kraft, sie aus der Erde zu hebeln. Die *New Dawn* am Torbogen, was
für ein Glück, dass ich sie damals zurückgelassen habe! Letzten
Sommer bin ich einmal in Twann vorbeigefahren und habe gestaunt,
wie prächtig sie sich entwickelt hat. Wie ihre porzellanfarbenen
Blüten die Alpen säumten, ein Traum!
„Du solltest sie mal sehen, nächsten Sommer fahren wir zusammen
nach Twann, dann zeige ich dir mein altes Gärtchen.“
„Gern. Du hast schon so viel davon erzählt.“
„Es wäre wirklich schade gewesen, sie auszugraben.“

Damals in Irland bin ich nicht davor zurückgeschreckt, auch große
eingewachsene Pflanzen auszubuddeln. Einmal hatte ich eine hundert
Jahre alte Kletterrose versetzt. Eines heißen Nachmittags im August
war ich an einem halb eingestürzten Cottage vorbeigefahren, an
dessen Mauern sich zwei Bauern mit Vorschlaghämmern zu schaffen
machten. Ich dachte sofort an die alte Kletterrose, die neben der
bereits entfernten Haustür wuchs und deren kohlförmige Blüten in
silbrigem Dunkelrosa ich im Juni bewundert hatte. Nur einige der
äußeren Triebe waren durch die Abbrucharbeiten am Cottage beschädigt worden. Ich fragte die beiden Bauern, ob sie Pläne für die Rose
hätten, doch sie sahen mich nur verständnislos an. Als ich vorschlug,
den alten Wurzelstock auszugraben, lachten sie mich aus. Ich könne es
natürlich versuchen, scherzten sie, die Rose sei gewiss hundert Jahre
alt, ich könne sie gern haben.
Ich wendete den Wagen und fuhr nach Hause, um keine halbe Stunde
später mit Spaten, Pickel, kleiner Schaufel und Rosenschere wieder
vor dem Cottage anzuhalten. Unter den verwunderten Blicken der
beiden Bauern löste ich die stacheligen, fingerdicken Triebe von der
Hausmauer und legte sie sorgfältig auf den Boden, schnitt diejenigen
heraus, die sich im losen Mauerwerk festgehakt hatten. Und dann
grub ich. Die Bauern tippten sich an die Stirn und machten mit ihren
Vorschlaghämmern weiter. Sorgfältig kratzte ich die festgebackene
Erde vom Wurzelstock und versuchte, mit dem Spaten zwischen den

knorrigen Wurzeln ins Erdreich einzudringen. Sehr zum Vergnügen
der hämmernden Bauern erwiesen sich diese Anstrengungen als
aussichtslos. Schließlich griff ich zum Pickel und riss und zerrte an
der Rose, bis sie sich löste, dann schnitt ich die Wurzeln kurzerhand
durch. Die arme alte Rose zerfiel in mehrere Teile, die ich alle zum
Kofferraum schleifte und, inzwischen nicht mehr auf Sorgfalt bedacht,
so weit hineinstopfte, dass nur noch ein Teil der Zweige heraushing.
Ich bedankte mich und fuhr los, um meine Beute zu pflanzen.
Wobei pflanzen für das folgende Vorgehen ein etwas zu großes Wort war.
Verschwitzt und müde und mit zerkratzten Armen grub ich ein kleines
Loch am Rosenbogen, der beim Gemüsegarten bereitstand, so als habe er
die Rettung der Alten Rose erwartet. Es folgten noch kleinere Löcher am
Zaun, und dann stopfte ich das wenige, was ich von den Rosenwurzeln
aus der Erde hatte zerren können, hinein, trat ein paarmal mit den
Füßen darauf und drapierte die Triebe über Rosenbogen und Zaun.
In der Sommerhitze hatten sie längst zu welken begonnen, aber ich
sah bereits die rosaroten Blüten vor mir: die namenlose alte Rose
würde wunderschön aussehen, wenn sie sich erst einmal erholt hatte.
Und so entrollte ich den Gartenschlauch und verbrachte die nächsten
Stunden damit, nicht nur die Wurzeln einzuschwemmen, sondern vor
allem auch das welkende Laub in einen feinen Wassernebel zu hüllen.
Während meine Arme immer schwerer wurden, bildete ich mir ein,
die Triebe würden sich langsam aufrichten.
Vorerst geschah nicht viel. Immerhin welkten die Überreste der Rose
auch nicht weiter, sie blieben grün. In den folgenden Tagen wiederholte ich die Bewässerungsprozedur. Als es dann nach einer Woche
zu regnen begann, beschloss ich, die Rose habe den Umzug nun
überstanden und sei gerettet.
Tatsächlich fasste jedes einzelne der Wurzelstücke Fuß, die Rosenran-
ken gediehen alle und hatten sich bereits nach einem Jahr sensatio-
nell erholt. Nicht nur das große Stück am Bogen, auch die kleinen
Teile der Rose am Zaun wuchsen kräftig, ihr Laub war dicht und von
satter graugrüner Farbe und ihre Blüten schlicht traumhaft. Ich hatte
später noch mehrmals Wurzelstücke von den nun kräftig wachsenden
Teilen entfernt und sie in eine Hecke eingefügt.

Bis heute bin ich mir nicht sicher, um welche Sorte es sich bei der Alten Rose handelte. Ich vermutete, dass es die kletternde *Mme Caroline Testout* war – in den Büchern sah sie meiner Rose zumindest sehr ähnlich, und auch vom Alter her könnte es stimmen –, sie wurde 1890 von Joseph Pernet-Ducher gezüchtet.

Allerdings fragte ich mich natürlich, wie die französische Rose vor hundert Jahren zu einem abgelegenen Cottage in den Hügeln von Donegal gekommen sein sollte. Der englische Rosenspezialist Peter Beales schrieb, dass sie eine der beliebtesten Rosen der Welt sei und dass es wenig Gärten gebe, in denen nicht wenigstens eine *Mme Caroline Testout* wachse. Aber das definitive Bestimmen von Rosen ist außerordentlich schwierig, weil es Tausende von Züchtungen gibt, die sich zum Teil sehr ähnlich sehen. Und so nannte ich die gerettete Kletterrose für mich einfach „Die Cottagerose".

Auch sonst habe ich immer wieder Rosen ausgebuddelt. Sie waren mir zu wichtig, ich konnte sie nicht zurücklassen, obwohl man ja ganz gut hätte neue kaufen können. Aber nein, ich wollte meine ursprünglichen Rosen mitnehmen, genau die, und nicht einfach eine neue derselben Sorte.

„Sie sollten dein Schicksal teilen", sagt er, „weil du selber keine Wurzeln geschlagen hast, wolltest du auch deine Rosen immer wieder ausgraben."

In meinem Gärtchen in Biel blüht immer noch die ursprüngliche *Rosa Mundi* aus Irland, und auch in Twann blüht noch ein Stück davon, das ich damals auszubuddeln vergessen hatte. Sie ist so kräftig, dass sie einfach wieder aus dem Wurzelstock austreibt, egal wie schlecht man sie behandelt hat. Bei der *Bloomfield Abundance*, bei *Cardinal Richelieu* und bei einigen anderen alten Sorten geht das auch.

„Du teilst deine Rosen in Stücke?"

„Ich mache das nicht absichtlich. Aber jedesmal, wenn ich die Alten Rosen nach ein paar Jahren ausbuddle, zerfallen sie mir in mehrere Teile. Wie viele Wurzelstücke der *Rosa Mundi* ich wohl schon weitergegeben habe, wie viele *Bloomfield Abundance*? Ich brauche ja nur ein kleines Stück davon, sie wachsen so leicht, sie sind so dankbar."

Er sieht mich staunend an.

„Darum hast du so viele Pflanzen!?"

Ich lache. „Ja, mit den Stauden ist es dasselbe. Je öfter man sie ausbuddelt, desto mehr hat man am Ende davon. Übrigens würde ich die *Rose de Resht* bei meinem nächsten Umzug wieder mitnehmen."

„Das ist der große Busch in der Mitte deines Beets in Biel, mit den stark duftenden kleinen Blüten, die du letzten Sommer über den Salat gestreut hast?"

„Genau die. Sie geht auf ein kleines Wurzelstück zurück, das mir damals in Irland eine deutsche Freundin geschenkt hat. Sie hatte die Rose aus einem Steckholz gezogen, das ihr ein Gärtner im Palmengarten von Frankfurt gegeben hatte."

„Aber man könnte sie auch einfach kaufen."

„Ja, das kann man. Aber dann fehlt die Geschichte dazu."

„Du bist nicht nur katholisch, sondern auch ziemlich sentimental, um das mal auf den Punkt zu bringen."

„Die Rosen gehören zur Maria wie das Amen in der Kirche."

„Es ist ein Ros entsprungen ...", summt er. „Und Rosenkränze sammelst du auch."

„Der Rosenkranz aus Murano-Glasperlen war einfach sehr schön. Leider war kein Priester da, um ihn zu segnen. In Paris segnen sie einem die Rosenkränze ..."

„Und dann sind sie schöner, wenn sie gesegnet sind?"

„Es ist ein Witz. Ich brauche sie doch eigentlich nur, um den ausgestopften Hirsch an der Wand zu schmücken."

„Du versteckst dich hinter deinen Witzen, machst dich lächerlich über das, was dir am allerwichtigsten ist."

„Über die Rosen mache ich keine Witze! Wo immer meine Rosen blühen, bin ich zu Hause. Ja, sie sind sozusagen meine Heimat. Mit den Rosen nehme ich meine Geschichte mit, sie sind die Essenz meiner Gartenträume."

„Womit wir wieder beim Paradies wären ... Rosenduft und Weihrauch."

„Keine Witze über meine Rosen!"

„Und wie oft willst du sie noch ausbuddeln?"

„Nie mehr", sage ich, „aber das habe ich schon oft gesagt. Die Austin-

Rosen muss ich wohl ersetzen, die haben die Umzüge nicht gut ertragen. Die *Evelyn*, die *Graham Thomas* und die alte *Mme Isaac Pereire* – sie sind mit jedem Mal schwächer geworden. Vielleicht leiste ich mir irgendwann mal neue von diesen Sorten. Und vielleicht brauche ich sie später auch gar nicht mehr, vielleicht reicht es irgendwann, wenn sie in meiner Erinnerung weiterblühen, *Ferdinand Pichard, Georges Vibert, Commandant Beaurepaire, Honorine de Brabant*."

„Du redest von deinen Rosen wie von alten Freunden."

In Irland habe ich gestreifte Rosen gesammelt. Die *Rosa mundi* ist die Schönste von allen. Und die Einzige, die ich jetzt noch habe. Sie ist die wohl älteste und gewiss die berühmteste gestreifte Rose, auch *Rosa gallica* 'Versicolor' genannt. In der Literatur kennt man sie seit dem 16. Jahrhundert, aber wahrscheinlich ist sie viel älter. Sie ist eine Mutation der *Rosa gallica officinalis*, der klassischen Apothekerrose. Ihren Namen hat sie der Legende nach von Fair Rosamund, der Geliebten von Henry II. von England. Die historische Rosamund beendete ihre Tage als reumütige Nonne und starb im Jahre 1176. In ihren Grabstein sind folgende Zeilen eingemeißelt: „Hic jacet in tumba Rosa Mundi non rosa munda. Non redolet sed olet, quae redolere solet."

„Und ich dachte, du kannst nichts auswendig lernen, kein einziges deiner eigenen Gedichte kennst du auswendig ..."

„Es heißt sinngemäß: Hier liegt die Rose der Welt in ihrem Grab. Sie, die duften sollte, riecht nicht mehr süß, sondern aufdringlich."

„Du hast also gestreifte Rosen gesammelt, so wie andere Leute Briefmarken."

Ich habe auch Duftgeranien gesammelt. Und Funkien. Und Lilien, Aurikeln und alte Nelkensorten. Aber mit den Duftgeranien war es am extremsten. Meine erste Duftgeranie hatte mir eine Freundin geschenkt. Es handelte sich um eine simple Zitronengeranie, deren Laub, so fand ich damals, eher penetrant roch. Ich hatte sie zu meinen anderen Pflanzenschätzen gestellt und gewiss nicht im Sinn gehabt, mich weiter mit ihnen zu befassen. Aber irgendwie hat es sich ergeben, dass ich von diesem Tag an auf Pflanzenbörsen und in Gärtnereien immer wieder auf Duftgeranien gestoßen bin, die besser rochen und schöner blühten als meine gewöhnliche Zitronengeranie daheim.

Und ich konnte nicht widerstehen, sie zu kaufen. Als ich sie zum
ersten Mal bewusst gezählt habe, waren es bereits siebzehn verschiedene Duftgeranien. Und irgendwann gibt man das Zählen auf. Wenn
dann jemand eine Frage stellt, in der Wörter wie „Vernunft" oder
„übertrieben" vorkommen, zuckt man einfach nur mit den Schultern
und wechselt das Thema. Das fällt umso leichter, wenn man zufälliger-
weise mehrere Sachen sammelt. Ich redete in solchen Situationen
dann von meinen exotischen Kräutern oder kam auf die Lilien zu
sprechen.
„Dann werde ich mich in Acht nehmen!"
„Jetzt brauche ich das nicht mehr. Aber damals in Biel, da habe ich
noch gesammelt."
„Ich dachte, du warst in Twann?"
Dort war das Gärtchen. Aber gewohnt habe ich in Biel, wo ich nur eine
Terrasse hatte. Sie war vollgestopft mit Kübelpflanzen und den
Überresten meines irischen Gartens, alle in Töpfe gepfercht, entwur-
zelt und verstümmelt. Im Herbst schleppte ich alles auf den Dach-
boden, versuchte vor dem Winter zu bewahren, was übrig blieb, als
könnte ich die Erinnerung retten. Oleanderbäumchen, die ich aus
Steckhölzern gezogen hatte, *Agapanthus*, Wandelröschen, Zitronen.
Doch im Frühjahr sah ich ein, dass mein Aktionismus sinnlos gewesen war. Ich trug die Pflanzen wieder auf die Terrasse hinunter,
kümmerliche Versatzstücke, damit ließ sich kein Garten mehr machen. Dann stopfte ich sie allesamt in den Container der städtischen
Grünabfuhr. Ich kaufte Petunien. Petunien in allen Farben, große, kleine, gerüschte und gefüllte. Ich kaufte schwarze Petunien und weiße
Petunien. Und ich kaufte die kleinblütigen *Calibrachoa*-Hybriden, die
in fast allen Regenbogenfarben zu haben sind. Ich kaufte Dünger, jede
Menge Dünger. Petunien blühen erst richtig üppig, wenn sie regelmäßig gedüngt werden. In Irland gab es damals überall „Miracle Gro" zu
kaufen, ein synthetischer Dünger, dessen Name allein mich überzeug-
te. Meine Petunien sollten ein Wunder vollbringen, mit weniger
würde ich mich nicht zufriedengeben. Wie bunte Wasserfälle sollten
sie aus allen Gefäßen quellen, meterlange Blütenteppiche bilden,
grelle Blütenfälle in Magenta und Violett, Gelb, Orange, Schwarz und

Weiß. In Biel habe ich dann „normalen" Dünger verwendet, der die Hälfte kostet und genauso gut wirkt. Hauptsache, die Petunien werden regelmäßig und in der korrekten Dosierung gedüngt.

Über Petunien kann man natürlich die Nase rümpfen. Wem käme bei ihrem Anblick nicht die böse Tante Petunia aus den Harry-Potter-Büchern in den Sinn? Wahrlich keine schmeichelhafte Referenz. Aber die ursprünglich aus Südamerika stammenden Nachtschattengewächse können ja selber nichts für ihren schlechten Ruf. Mit ihnen verhält es sich ähnlich, wie mit den ebenfalls viel verspotteten Pelargonien: Wenn sie langweilig aussehen, liegt es meist daran, dass sie lieblos in die erstbesten Kistchen gestopft und sich selber überlassen werden. Dabei kann man mit Petunien wirklich hübsche Sommerstimmungen herbeizaubern, und ihre Blühfreudigkeit ist unübertroffen. Das Geheimnis ist, sie zu kombinieren, denn erst mit den richtigen Partnern werden Petunien interessant, ja, dann trumpfen sie richtig auf. Perfekte Partner sind Gemüse mit schönem Laub, insbesondere Süßkartoffeln *(Ipomoea batata)*, farbiger Mangold, Rote Bete oder bunte Salate. Auch sonnenliebende Kräuter eignen sich bestens als Nachbarn. Und wer große Gefäße zur Verfügung hat – umso besser! Damit lässt sich ein komplettes Bauerngärtchen auf die Terrasse holen. In meinem Garten in Biel habe ich einmal in einem alten Ölfass weiße Petunien, Balkontomaten, Peperoni und Chili sowie silbrigen Thymian, Salbei und Rosmarin kombiniert. Auch zwei, drei aufeinandergestapelte Autoreifen eignen sich gut für wärmeliebende Pflanzen wie Petunien und mediterrane Kräuter. In England sah ich große Waschzuber voller Petunien, in deren Mitte dramatische Dahlien tanzten. Abgerundet wurden diese sommerlichen Blüten-kunstwerke durch Fuchsien und Begonien, die ihre zarten Blüten im Schatten des Dahlienlaubs wiegten. Der Trick mit Dahlien in Gefäßen ist, die unteren Blätter jeweils wegzuschneiden, sobald die Dahlien größer werden. So haben auch die Pflanzen darunter noch etwas Licht und Platz.

Eigentlich ging es in Biel nicht um die Pflanzen, es ging um den Raum, ein Zimmer für mich allein, eine Terrasse, wenn auch eine lärmige, an einer der Hauptverkehrsadern der Stadt. Immerhin war

sie eingewachsen von der wohl größten Glyzine der Stadt. Wegen dieser Glyzine hatte ich die Wohnung mieten wollen, ganz klar, ein Zimmer mit grünen Wänden. Zum Denken brauchte ich frische Luft, etwas Grünes fürs Auge und Blumen um mich herum. Sonst wollte mir nichts Gescheites einfallen.

So arbeitete ich während der Sommermonate meistens draußen auf der Terrasse. Einmal am Tag bin ich mit den Fahrrad nach Twann geradelt, um mein Seegärtchen zu pflegen, immer hin und her, zwischen der Terrasse voller Kübelpflanzen und dem winzigen Seegärtchen. Tatsächlich war die Terrasse ganz nett, man konnte das Hupen der Kursschiffe vom See hören. Wie große Wale riefen sie herüber: „Komm spielen, lass deine Pflanzen in Ruhe und komm, tanz mit uns, die Wellen warten." ◄

Regelmäßig gedüngt und ausgeputzt, bieten Petunien monatelang die schönste Farbenpracht.

Sturm und Sterne

▸.............................. Zu später Stunde gehen wir an den Kanälen entlang, immer dem Wasser nach, das Plätschern begleitet uns. Wir suchen nicht das Hotel, wir gehen einfach immer weiter durch die Nacht. Auf dem Campo Santa Margherita bleiben wir stehen, die Stände der Gemüsehändler sind zusammengeklappt und zu Stapeln getürmt. Ruhig liegt der Platz da, dunkel. Außer uns scheint niemand mehr unterwegs zu sein. Wir richten den Blick nach oben. Mit dem Finger zeichnen wir den Großen Bären nach, den Kleinen Wagen, die Kassiopeia. Damals in Irland, in meinem zweiten irischen Winter, hatte ich am St.-Stephans-Tag die Sterne gesehen von meinem Büro aus.

Es war nachmittags um vier gewesen, die Zeit weiß ich noch, weil es schon dunkel war, als der Strom ausfiel und mein Mann und ich beide gleichzeitig aus dem Fenster blickten. Wie Raben segelten die Schieferziegel an uns vorbei in die Tiefe.

Wir hatten Glück. Die alten Erlen hielten dem Sturm stand, keine von ihnen fiel auf das nun abgedeckte Hauptdach, dessen Balken noch intakt waren. Der Strom blieb nur für wenige Tage unterbrochen. Sogar die Palme vor unserem Haus überlebte den Hurrikan. Bei Bekannten hatte die Sturmflut die Straße und einen Teil des Gartens weggerissen. In Donegal Town waren die alten Kastanien stark beschädigt worden, überall lagen Bäume und Ziegel herum, die Tanne des Nachbarn hing wie ein Damoklesschwert über seinem Dach. Dieser Hurrikan war – das erfuhren wir, nachdem die Strommasten wieder aufgestellt worden waren und der Fernseher wieder sendete – der schlimmste seit den Dreißigerjahren gewesen.

Der Gartenhimmel hängt nun voll mit leuchtend gelben Sternen: Zweizahn (Bidens ferulifolia).

Am nächsten Tag gingen wir durch den Garten, betrachteten die
Schäden, sammelten Äste ein und gruben Ziegel aus – sie waren wie
Geschosse in der nassen Erde versunken. Der Nachbar kletterte auf das
Dach, um die Löcher notdürftig zu stopfen, die Dachdecker waren alle
überbeschäftigt. Wir mussten warten. Monatelang konnte ich von
meinem Schreibtisch aus den Himmel sehen, nachts schien der Mond
durch die Dachbalken in mein Arbeitszimmer. Januar war der Monat
der zermarternden Selbstzweifel, des schwindenden Vertrauens. Nichts
lenkte einen ab, es gab kaum Besuch, keine großen Feste, nach Weihnachten hatte niemand mehr Geld übrig zum Feiern. Es gab keine Mög-
lichkeit, den langen, kalten Nächten und sich selbst zu entkommen.
Das zermürbende Warten setzte ein. Ja, in Irland hatte ich warten
gelernt. Ich wartete, bis die Tage endlich länger, der Boden wärmer
wurde und ich wieder draußen arbeiten konnte. Den Garten auch im
Januar zu lieben, verlangte unendliche Zuversicht, verlangte Optimis-
mus, Geduld. Dass dieser Dreck und Sumpf, den ich durch dichten
Nieselregen hindurch erspähte, jemals wieder grünen und blühen
sollte, war kaum vorstellbar. Ich holte Fotos vom Sommer hervor.
Jenseits der Zäune standen hungrige Kühe, die bis zum Bauch im
Dreck versanken. Hungrige Schafe rieben sich am Zaun, sie blökten
herzzerreißend. Sie waren so dreckig, dass die Schlachthäuser die
Annahme verweigerten. Wenn das Gras nicht bald zu wachsen begann,
würden sie verhungern. Ich warf ihnen Küchenabfälle zu. Die Rotkehlchen und Meisen bettelten, sie hatten sich an mich gewöhnt. Ich
hängte Äpfel, Rosinenkränze, Toastbrot und säckeweise Erdnüsse und
Kerne in Fett an die Obelisken und in die Bäume, streute Baumnüsse
auf dem Gartentisch aus.
Ein paar Stunden lang schien die müde, bleiche Wintersonne, der
Himmel war von einem ausgewaschenen nordischen Hellblau. Nichts
wie rein in die Wollsocken, die Gummistiefel und die Faserpelzjacke
– und raus in den Garten. Überall lagen Äste herum. Die letzten
Kohlköpfe hatten in den Stürmen ihre Blätter verloren, die Röschen
des Rosenkohls waren wie Pingpongbälle durch den Gemüsegarten
geflogen, ein paar übrig gebliebene Lattichhäuptchen hatte der Sturm
mitsamt Wurzeln fortgefegt.

Sobald die Sturmschäden beseitigt waren und der Boden frostfrei blieb, begann ich die Gemüsebeete umzugraben. Unkraut war um die Jahreszeit nicht viel da, nur der Hahnenfuß mit seinen langen, weißen Wurzeln, Grasbüschel, kleine, aber dafür viele Binsen. Es schien auch nicht viel Ungeziefer im Boden zu sein; einzelne Raupen von Schnaken, ein paar schlafende Schnecken, ansonsten unzählige schöne, dicke Regenwürmer. Die Rotkehlchen hüpften herbei und bedienten sich. Ich brach die Komposthaufen auf. Der Geruch von nasser Erde stimmte mich zuversichtlicher. Die Bergamotte trieb bereits neue Blätter, wucherte, vom Wind geduckt, am Boden entlang. Um diese Jahreszeit war ihr Zitrusduft geradezu betörend. Mit dem ersten Grün kamen auch die Schafe. Der Regen hatte sie etwas sauberer gewaschen. Aber sie wollten jetzt partout nicht mehr akzeptieren, dass ihre Weide da aufhörte, wo mein Garten anfing. Und sie fraßen schneller, als irgendetwas wachsen konnte. Außer Stechginster und Binsen gab es kaum ein Grünfutter, das sie verschmähten, sogar die zähen Blätter und die Knospen der Azaleen fraßen sie. Und alles, was als Zugabe auch noch Blüten bot, verschlangen sie mit Heißhunger: Primeln, Goldlack, Vergissmeinnicht – nichts war ihnen heilig. Als jedes einzelne Blättchen abgefressen war, verschwanden sie wieder, bis auf ein Schaf. Und das wälzte eine gemütliche Mulde in eines der abgeernteten Beete – und schlief dort ein. Als ich meine Nachbarin fragte, was ich mit dem Schaf, das der Marke nach niemandem aus der Nachbarschaft gehörte, machen sollte, sagte sie, großzügig wie immer: Behaltet es, ihr könnt es ja einfrieren!

Wir zogen es vor, die Löcher im Zaun zu flicken. Das fehlende Mauerstück zur Straße hin verstärkten wir notdürftig mit einem Schafgitter und schichteten dann Steine auf. Es fehlte nur noch das Tor, das jemand vor langer Zeit in den Wald nebenan geworfen haben musste. Nun sollte der Garten schafsicher sein.

Solange keine Löcher im Zaun waren, ging es ganz gut mit der blökenden Nachbarschaft. Dachten wir jedenfalls. Bis ich beschloss, als Windschutz am Zaun entlang eine Hecke zu pflanzen. Es war mir klar, dass ich Büsche wählen musste, die den Schafen nicht schmeckten. Und sie mussten zäh genug sein, um den Nordwinden standzuhalten.

Ich entschied mich für graublättrige *Olearia*, ein stechpalmenartiges
Gebüsch, dessen Blätter extrem zäh und so stachlig sind, dass ich mir
beim Pflanzen trotz meiner alten Skihandschuhe die Finger zerstochen habe. Das nahm ich gern in Kauf, denn ich war sicher, eine
solche Tortur würde kein Tiermaul ertragen.

Kaum hatte ich Schaufel und Gießkanne weggeräumt, hatten die
ersten Schafe bereits ihre Köpfe durch die Maschen des Zauns
gezwängt – und fraßen an meiner jungen Hecke. Zum ersten Mal
stimmte ich unserem einzigen Bekannten zu, der wie wir keine Schafe
züchtete, aber einen Garten hatte. Er meinte, nur gebratene Schafe
seien gute Schafe.

Ich dagegen war nach wie vor so zimperlich, dass ich froh war, die
Schafe nicht persönlich gekannt zu haben, deren Keulen wir gelegentlich brieten. Mitunter schloss ich sogar die Küchenfenster, damit die
Schafe draußen nicht riechen mussten, was aus ihren Kollegen
geworden war! Den Zaun hatte ich in der Zwischenzeit mit feinma-
schigem Hühnergitter verstärkt, und die Schafe fraßen nur noch die
Zweige, die darüber hinauswuchsen.

So ging ein weiteres Jahr ins Land. Und dann wurden die Schafe
weniger. Immer mehr Bauern verkauften ihr Land an Spekulanten,
überall schossen Häuser aus dem Boden. Und in den Hügeln von
Donegal wurde es in den Nächten heller. Bald war nicht einmal der
Winter mehr dunkel, sehr zum Leid der Fledermäuse und Sternengu-
cker. Auch ich trauerte den finsteren Nächten nach. Eine gigantische
Autobahnauffahrt wurde auf der gegenüberliegenden Seite der Bucht
gebaut, mit orangefarbenen Scheinwerfern überflutet, eine Licht-
schneise, die sich durch die Hügel fraß, eine jodfarbene Wunde, die
im dunklen Frieden der Landschaft klaffte. Im Supermarkt wurden
für wenige Euro elektrische Gartenlichter in Plastikgehäusen verkauft,
die bald allenthalben die hässlichen neuen Bungalows in ihr kränkli-
ches Licht tauchten. Wie froh war ich nun, dass der Elektriker, den ich
in meinem ersten irischen Winter um eine Offerte für Außenlichter
bat, zu teuer war. Wenigstens mein Garten sollte dunkel bleiben. An
Weihnachten ließ ich Laternchen mit echten Kerzen im Gewächshaus
brennen, wo sie vor dem Wind geschützt waren, und zu Allerheiligen

entzündete ich zwei Grablichter: eines in der Rabatte, wo der kleine rote Kater Bubi begraben lag, der von einem wilden Nerz getötet worden war, das andere zwischen den Rosen, die ich von meinem Großvater geerbt hatte.

Mehr Licht wollte ich nicht im Garten haben. ....◄

Im Schatten der geköpften Erlen

▸ .... „Nichts ist mehr teilbar", sage ich, „mit niemandem."
Ich fasse seine Hand und zeige ihm den Weg ins Unbekannte.
„Komm, das ist alles deins und meins."
Nun erkunden wir unsere eigenen Gärten, unsere eigenen Meere,
wandern durch innere Landschaften. Hügel und Täler, Berge, Ebenen,
tastende forschende Fingerkuppen. Komm, das ist alles deins und
meins.
Eng umschlungen liegen wir unter der zerwühlten Decke unseres
Himmelbetts, lauschen den Vaporetti vor dem Fenster, brummende
Tiere mit dicken Bäuchen, die eins ums andere vor unserem Zimmer
vorbeiziehen, ihre Stimmen lassen die Fensterscheiben vibrieren. Sie
werfen Wellen an die Mauern der Palazzi, sanft, als wollten sie die
alten Mauern umarmen. Sie wiegen uns nicht in den Schlaf, noch
nicht. Wir sind satt und friedlich, liegen nebeneinander im Dunkeln,
hellwach, die Nacht gehört den Fragen.
„Aber sag mir, Liebste, warum bist du damals auf den Tessenberg
gezogen?"
„In Twann fanden wir nichts, worauf wir uns hätten einigen können."
„Ihr hättet in Biel ein Haus kaufen können."
Ich hielt es nicht mehr aus in der Stadt, die Landschaft fehlte mir, die
Weite, der Wind. Und ich war schwanger. Es war die verrückte Idee
einer Schwangeren, dieses Haus auf dem Tessenberg zu kaufen – kein
vernünftiger Mensch würde freiwillig auf der Hochebene wohnen
wollen –, ich hörte es immer wieder. Das seien alles Cowboys dort
oben, sagte mir ein ansonsten wohlmeinender Weinbauer aus Twann.

*Artischocken, kurz bevor sie aufblühen. Zum Essen sind sie in diesem
Zustand fast zu schade.*

„Lieber verrückt als langweilig", antwortete ich ihm. Ich war im
vierten Monat schwanger, als ich das Haus mit dem Birnenspalier an
der Schindelfassade zum ersten Mal sah und beschloss, hier solle
mein Kind aufwachsen. Ich wollte noch einmal neu anfangen. Auf
dem Tessenberg fand ich eine ähnliche Ausgangslage wie in Irland:
ein Haus, das allein inmitten der Felder stand. Atemberaubende
Aussicht, raues Klima. Der See war nicht weit weg, aber auch nicht zu
sehen vom Haus, nicht einmal vom Dach aus.
Damals auf dem Tessenberg habe ich mit Versatzstücken gearbeitet,
mit den Überresten meines großen Traums, den letzten Pflanzen, die
die Umzüge überlebt hatten. Ich versuchte, dasselbe noch einmal zu
machen, als müsste ich jeden Fehler wiederholen, um ihm auf den
Grund zu gehen, die Ursachen und die Wirkung zu erfassen. Und
wieder buddelte ich, diesmal mit meiner Tochter im Tragetuch, ich
buddelte bis zum Umfallen. Als könnte ich darob begreifen: Das Meer
war so nicht herbeizuholen, der See nicht. Frieden war auf diesem Weg
nicht zu finden, unter keinen Umständen. Ich versuchte, jeden Fehler
zu wiederholen, als könnte ich ihn so ungeschehen machen. Als läge
in der Wiederholung die Heilung.
„Und, hat es geholfen?"
„Einiges ist mir tatsächlich klar geworden in der Wiederholung. Ich
habe noch einmal geheiratet, noch einmal ein Haus auf dem Land
gekauft, ich habe noch einmal aus dem Nichts einen großen Garten
angelegt."
„Wie Odysseus bist du von einem Land ins andere gezogen."
„Ja, von einem Garten zum nächsten, ein Flüchtling in meinem
eigenen Leben. Wie Odysseus über die Meere, bin ich durch die
Gärten geirrt."
Anfangs war ich überglücklich, den großen Garten auf dem Tessenberg gefunden zu haben. Endlich wieder alles an einem Ort! Dazu
Hühner und Kaninchen. Und vor allem Platz! Ich legte mich ins Zeug,
voller Begeisterung. Meine Energie schien ins Grenzenlose zu wachsen. Ich goss den frisch gesäten Spinat und den Feldsalat, der zu
keimen begann, sammelte jedes Mal, wenn ich durch den Gemüsegarten ging, eine Handvoll Steine. Nach jedem Regen wuchsen neue

Steine aus den Beeten. Meine Tochter schlief im Tragetuch, und ich hatte die Hände frei zum Arbeiten. Meine Fingerkuppen fühlten sich vom vielen Jäten an wie Schmirgelpapier.

Aber mein Herz war leicht, über mir zogen die Wolken in großen orangefarbenen Formationen durch, zart errötete die Flanke des Chasserals, ein Schimmer fiel auf die Wangen meiner Tochter, sie seufzte im Schlaf. Die farbigen Krautstiele leuchteten im Licht der Morgensonne, als stünde ein Scheinwerfer dahinter. Und die Ringelblumen waren tausend kleine Sonnen. Ich schnitt aufgeschossene Salate für die Kaninchen, riss eine Handvoll wurmstichiger Karotten aus, zupfte hier und dort Verblühtes und Verwelktes weg.

Der bewaldete Rücken des Mont Sujet lag sattgrün im Morgenlicht. Die Luft war kalt und klar, der Orientalische Mohn entfaltete seine Seidenblätter, die in der Morgensonne schimmerten. Heerscharen von Wanderern zogen an meinem neuen Garten vorbei, und wenn ich mich beim Jäten bückte, so wachte der Chasseral in meinem Rücken. Die Hühner gackerten, und in der Ferne bellte ein Hund.

Meine Tochter wachte auf, sie fasste nach dem gefiederten Laub des Fenchels. Seine Knollen waren so groß, dass es mich reute, ihn noch zu ernten. Auch die Kohlrabi waren bald zu groß für die Küche. Besser schmeckten mir die Pastinaken, die dank des vielen Regens prächtig gediehen. Auch die Kartoffeln wurden unverschämt groß – sie wurden sogar noch größer als in Irland! Über dem violetten Teppich der blühenden Artischocken sammelten sich Bienen. Ich band die Stängel auf. Oft peitschte die Bise, der Nordwind, über den Tessenberg, und selbst an warmen Sommertagen ging stets ein mildes Lüftchen.

Alles wuchs windschief auf dem Tessenberg. Man musste den Rosenkohl an Stützen binden und auch den Spargel. Ansonsten war der Küchengarten schon im ersten Sommer ein voller Erfolg. Mitunter war ich noch im Licht der Straßenlaterne draußen und harkte die Erde zwischen den Gemüsereihen. Der Boden wurde vom Wetter hart und rissig und bröckelte wie schlecht gemischter Beton. Ständig musste ich harken. Aber wo vor einem Jahr noch eine Tanne und eine Thuja ihren dichten Schatten geworfen hatten, gediehen nun Salat und Gemüse für uns und unsere Gäste, für die Hühner und die zwei

Dutzend Kaninchen, und es blieb immer noch genug zum Verschenken. Als mein Bruder bei meiner Rückkehr aus Irland meinte, ich solle mir doch auf dem Tessenberg ein Zimmer suchen, tippte ich mir noch an die Stirn. Und nun stand ich also da, meine Tochter auf dem Arm, und fütterte sie mit reifen Himbeeren. Das Glück bestand aus flüchtigen Momenten. Manchmal ließ es sich zusammenfügen zu kleinen Geschichten, und immer kamen darin meine Tochter vor und der neue Garten. Der Garten und das Kind und das Glück, sie waren eins.
„Und dein zweiter Mann?"
„Nein, der kam nicht vor. Schon am Anfang kam er nicht mehr vor. Wenn ich zurückblicke, habe ich den Eindruck, ich hätte allein mit meiner Tochter dort oben gelebt."
„Du hast ihn ausgeblendet?"
Ich stehe auf, werfe mir eine Wolljacke über. Mein Liebster folgt mir mit einer Flasche Wein und Decken auf die Terrasse. Schweigend sehen wir in das Wasser, die Wellen glitzern im Mondlicht wie Fischschuppen.
„Wie könnte ich etwas erzählen, das gar nichts war. Ich bin einfach nur froh, dass ich so bald wieder gehen konnte."
Wir wickeln uns in die Decke, kosten den Wein. Die Nacht ist sternenklar, und wir blasen Rauchwolken in den Winterhimmel. Lange schweigen wir, genießen die Wärme der Decke, die gegenseitige Wärme unserer Körper, den Wein, das Geräusch des Wassers.
Der Garten, meine kleine Tochter und ich in diesem großen Garten, ich sehe ihr Bild, als hätte ich sie noch gestern auf dem Arm getragen. Wie herb die Kirschtomaten dufteten im Gewächshaus, ich biss eine entzwei, steckte ihr die Stücke in den Mund. Schon als Baby liebte sie Kirschtomaten. Das Wolkentheater, die Weite, der Mond, der sich über der Lärche in den abendlichen Sommerhimmel schob – immer wieder sagten Besucher, auf dem Tessenberg sehe es überhaupt nicht aus wie in der Schweiz. Eher wie in Schottland, Norwegen, Irland, die Gegend sah aus, als läge sie viel weiter nördlich. Entsprechend rau war das Klima. Auch im Hochsommer zeigte das Thermometer mitunter am frühen Morgen nur vier Grad. Alles wuchs in Zeitlupe, jedenfalls im Vergleich zu dem feuchtmilden Klima, das ich aus Irland kannte.

Nur das Chaos, das wuchs schneller. Und ich hatte es selber angerichtet. In der anfänglichen Euphorie dachte ich so vieles auf einmal, dass mir die Ideen durcheinandergeraten waren. Pflanzenschilder wurden beim Umzug vertauscht, Töpfe, Wurzeln und Zwiebeln durcheinandergemischt. Und so blühten dann eben die roten Indianernesseln neben den magentafarbenen Vexiernelken. Dabei hatte ich dieses Beet in zartem Rosa und Weiß geplant. Die Sonnenblumen, die ich im letzten Moment noch in die Lücken zwischen den Dahlien gestopft hatte, erwiesen sich auch nicht als gute Idee.

Gärtnern besteht weitgehend aus Anpassen und Verbessern, und wenn man meint, jetzt stimme alles, kommt einem noch eine bessere Idee, oder man findet eine neue Pflanze, die man unbedingt einfügen möchte, und dann muss alles darauf abgestimmt werden.

Obwohl ich im Winter unzählige Pläne von meinem Wunschgarten gezeichnet hatte, legte ich die Beete schließlich nach Augenmaß an. Unter der Lärche entstand ein Omega, in dessen Rasenkreis der Gartentisch stand. In den Ecken wuchsen Buchskugeln, insgesamt elf an der Zahl – elf war die Glückszahl meines zweiten Mannes, aber meines Wissens hat er sie nie nachgezählt. Am Eingang des Omega blühten zwei Schneewittchenbäumchen, weitere Schneewittchen zogen sich durch das angrenzende Beet. Statt sieben Zwergen hatte ich sieben Schneewittchen. Der goldene Zwergenhocker von Philippe Starck kam zwingend in die dunkle Ecke hinter dem Schneewittchenbeet. Zwischen den Schneewittchen wogten die zarten Halme des Nadelstreifenchinaschilfs und fügten die noch nicht so üppige Pflanzung zu einer Einheit.

Ein zweites, kleineres Omega ergab sich unter dem Kirschbaum auf der gegenüberliegenden Seite. Es wurde von einem weiteren Rosenbeet flankiert, in dem vor allem Kosmeen und Lilien wucherten, weil die Rosen nach dem Umzug noch nicht ihre alte Höhe erreicht hatten. In einem dritten Rosenbeet dominierten *Graham Thomas* und *Charles Austin* in Gelb und Apricot.

Bei den gemischten Beeten hinter dem Haus entfalteten weitere Rosen eine um die andere ihre zarten Blüten, erst *Constance Spry*, dann die *Rosa Mundi* und der ganze Reigen der Gallicas, der Bour-

bons und Albas. *Jacques Cartier* mischte sich zwischen die Vexiernelken, und vor dem Haus machte sich die kirschrote *Zephirine Drouhin* daran, die Fassade zu erobern. Ja, sie alle blühten auch auf dem Tessenberg wieder, auf achthundert Metern über Meereshöhe. Meine Rosen waren sogar in dem rauen Klima des Berner Juras die reinsten Stehaufmännchen. Mit meiner Tochter auf dem Arm ging ich von einem Busch zum nächsten und ließ sie die Düfte entdecken.
Dann kam der Hagel. Und mit dem Hagel kamen die Gräser. Mitunter kannte ich mich selbst fast nicht mehr – Gräser! Auf dem Tessenberg pflanzte ich Dutzende davon. Nicht, dass ich sie nun plötzlich gemocht hätte. Aber da der Garten schon im ersten Sommer mehrmals vom Hagel zerschlagen wurde, habe ich sie schätzen gelernt. Sie waren nicht totzukriegen und gaben den Rabatten die nach wetterbedingten Verlusten dringend benötigte Fülle wenigstens annähernd zurück.
In Irland hatte ich mich mit meinem damaligen Mann noch gestritten, wenn es um Gräser ging. Er wollte braune Seggen pflanzen. Alles, was möglichst tot aussah, gefiel ihm. Schilfrohr, Binsen, Zierhirse – Hauptsache braun. Und wenn die traurigen Halme dann aufgrund von Vernachlässigung eingingen, sah man nicht einmal einen Unterschied. Er kaufte Pampasgras, das wir neben die Birken vor dem Wohnzimmerfenster pflanzten. Seine ausgewaschene Farbe ließ die Berge im Hintergrund kräftiger hervortreten. Ich schmuggelte Narzissen dazwischen. ◄

Wenn die Zucchini richtig loslegen, dann sind sie kaum mehr zu stoppen. Nur Wasser, Nahrung und etwas Sonne brauchen sie.

Der halbierte Pfau

▶............................. „Du redest schon wieder von deinem irischen
Garten", sagt er und schenkt mir Wein nach.
Der Garten auf dem Tessenberg war nur ein Abklatsch davon, ein
gescheiterter Versuch, das Paradies noch einmal zu erschaffen. Dabei
hatte ich einen Bagger zur Verfügung und Geld, um alle Pflanzen zu
kaufen, die ich haben wollte. Ich hatte alles, was ich brauchte. Einen
Garten und meine kleine Tochter – ja, das Glück hätte anhalten sollen.
„Vielleicht muss ein Garten eben doch langsam wachsen."
In Irland hatte ich alles selbst gezogen, zusammengebettelt und
stibitzt und vermehrt. Gegen Ende des Sommers unternahm ich
jeweils Streifzüge durch die Gärten in der Nachbarschaft. Die Pflanzen
waren dann besonders groß und kräftig, die Rabatten üppig, und an
vielen Blütenständen waren die Samen ausgereift. Das diesjährige
Holz der Büsche war so weit gediehen, dass man Stecklinge schneiden
konnte.
Samen und Stecklinge aus nächster Umgebung entwickeln sich
am besten: sie sind Boden, Klima und Wind angepasst. Außerdem
schleppt man keine Schädlinge und Krankheiten ein, die sich im
Kompost gekaufter Pflanzen verbergen können, wenn man seine
Pflanzen selber vermehrt. Mein Nachbar zur Rechten hatte eine
purpurrote Hortensie, von der ich unbedingt ein paar Zweige
haben wollte. Ich bediente mich auch an den Escallonen, dem duftenden Flieder und schnitt junge Triebe von Schmetterlingssträuchen.
Ich wählte Zweige aus, die nicht geblüht hatten, und schnitt sie unter
einer Knospe ab. Die obersten Blätter ließ ich stehen, die anderen

Kaiserkronen (Fritillaria imperialis) *sind stattliche Frühlingsgäste,
deren faustgroße Zwiebeln übrigens stark nach Cannabis riechen.*

zupfte ich gleich weg, damit sie nicht zu viel Wasser verdunsteten. Was Samen betraf, waren die Lupinen meiner Nachbarin zur Linken verlockend, sie hat nur blaue und violette Sorten; die anderen riss sie im Frühling gewissenhaft aus, sobald sie Farbe bekannten. Meinerseits bot ich Zaungästen in den ersten Jahren Samen eines Edelweiß, das meine Mutter aus der Schweiz nach Irland eingeschmuggelt hatte, und gelben Scheinmohn *(Meconopsis cambrica)*, der allerdings von vielen Leuten als Unkraut verschmäht wurde. Ich stach Löcher in alte Joghurtbecher und füllte sie mit Erde, die ich begoss, ehe ich die Zweige und Samen hineinsteckte und sie fest andrückte. Die fertigen Stecklinge und Saaten trug ich nach draußen, wo ich sie im Schutz einer alten Mauer auf den Kiesboden stellte. Alle paar Tage hob ich die Gefäße hoch, um zu sehen, ob bereits erste Wurzeln aus den Abzugslöchern lugten. Bis zum Frühling hatten die meisten von ihnen tatsächlich Wurzeln geschlagen, und bald darauf keimten die Lupinen, die zum Teil noch im selben Sommer blühten. Nach drei Jahren waren die aus Stecklingen gezogenen Sträucher kräftiger und größer als die im selben Jahr im Gartencenter gekauften Jungpflanzen.

„Du bist so sentimental", sagt mein Liebster, „der irische Garten war doch sicher auch nicht perfekt."

„Im Gegenteil."

Die Ostausrichtung des Grundstücks in Irland war alles andere als ideal. Im Winter war der tiefer gelegene Gemüsegarten eine frostige Ecke, wo Hagelkörner und Schnee tagelang liegen blieben. Und die Sonne stand dann so tief, dass die langen Schatten der geköpften Erlen den ganzen Tag über dem Garten lagen. Das Gelände war uneben, nichts war rechtwinklig. Zudem war es abschüssig. Hätte ich zu Beginn einen Plan und einen Bagger gehabt – und den nötigen Mut, die Voraussicht und das Geld –, hätte ich einiges begradigt und aufgeschüttet. Aber vielleicht wäre dem Garten dadurch seine Eigenart und sein wilder Charme abhanden gekommen. Und außerdem hätte ein ordentlich begradigtes Gelände gar nicht zu meinen überbordenden Ideen gepasst, versuchte ich mich zu trösten.

Vor allem machte mir in Donegal der Wind zu schaffen. Auf der
Vorderseite des Hauses blies er oft so stark, dass die Pflanzen in den
Töpfen vertrockneten, noch bevor sie erfroren: Sie wurden geradezu
verbrannt von den eisigen Nordwinden. Das Klima am Fuß der Berge
von Donegal war rau, viel rauer, als ich erwartet hatte. Ich ahnte und
ignorierte es zugleich: Dies war ein denkbar ungünstiger Ort, um
einen Garten anzulegen, aber als mir das bewusst wurde, hatte ich
schon viel zu viel gemacht, um noch ans Aufhören zu denken. Ich
pflanzte gegen das Wetter an, der Wind war fortan mein größter Feind.
„In der Erinnerung bläst er aber nicht.“
„Ja, auf den Fotos sieht der Garten ruhig aus, und die Mücken sind
auch nicht zu sehen.“
„Auf dem Tessenberg hast du dann eigentlich doch die besseren
Voraussetzungen gehabt.“
„Mücken gab es da auch! Aber ja, ich hatte die Mittel, um meine Pläne
sofort umzusetzen.“
Beim dortigen Gemüsegarten hatte ich dann gar keine Geduld mehr.
Ungeduldig schritt ich das Land ab, immer wieder, sah dem Löwen-
zahn zu, der bereits kräftig spross. Ich plante, überlegte, rechnete.
Ungeduldig strich ich durchs Haus, schaute aus dem Fenster – wo
sollte ich bloß anfangen? Und woher die Kraft nehmen, um diese öde
Wüstenei in einen Garten zu verwandeln? Mit meiner neugeborenen
Tochter, die im Tragetuch schlief? Wie sollte ich die beiden riesigen
Tannen vor dem Haus loswerden? Wohin mit der Hundehütte, die viel
zu schwer war, als dass ich sie alleine hätte wegstemmen oder auch nur
demontieren können? Und wie wurde man einen asphaltierten
Parkplatz los?
Dann, eines Morgens, hatte ich die Erleuchtung: Ich brauchte einen
Bagger! Kein Aufwand war groß genug, Hauptsache, es ging schnell.
Eine Woche später fuhr ein riesiger gelber Raupenbagger auf den
Platz, der größte, den die Baufirma hatte.
Der Baggerfahrer demonstrierte mir seine Präzision, indem er seinem
Chef mit der großen Baggerschaufel die Zigarette aus dem Mund
schnippte. Und dann staunte ich nur noch, wie schnell alles ging. Am
selben Abend entfaltete sich ein ordentlich umgepflügtes Feld vor

dem Haus, keine Spur mehr von Tannen oder Hundehütte oder
Parkplatz. Zwei große Baucontainer warteten auf den Lastwagen, der
die Altlasten abtransportieren sollte. Um den Gemüsegarten herum
zog sich ein ordentlich festgestampfter Weg aus Jurakies, die Beton-
elemente vom ehemaligen Parkplatz dienten nun als Umrandung
der Beete. Jetzt fehlte nur noch ein neuer Zaun.

Über einem Autobahntunnel fand ich schöne gelbe Weiden. Ich
schnitt bündelweise Ruten und steckte sie entlang der Grundstücks-
grenze in die feuchte Erde. Wenige Wochen später trieben sie aus, und
bis zum Sommer wuchsen sie schon so stark, dass ich ihre Triebe
einflechten und das saftig grüne Dickicht erstmals zurückschneiden
konnte.

Der Garten gedieh. Aber ich fühlte mich einsam auf dem Tessenberg.
Meinen Bekannten aus der Stadt war der Weg zu weit, und die Einheimischen mochten nicht mit einer Deutschschweizerin verkehren,
zumal ich es nicht fertigbrachte, morgens um zehn in der Dorfkneipe
Bier zu trinken und Karten zu spielen. Die Vorurteile der Weinbauern
aus Twann erwiesen sich als nicht ganz ungerechtfertigt. Der Nachbar
von gegenüber legte mir Steine in den Weg, riesige Hinkelsteine, die
er so vor unsere Ausfahrt rollte, dass eine Frau seiner Meinung nach
nicht mehr rückwärts einparken konnte. An dem Tag, als ich auszog,
rollte er sie wieder weg. Wenn ich mit meiner Tochter auf den Spiel-
platz ging, packten die anderen Mütter ihre Kinder und verschwanden, obwohl ich außerhalb des Hauses mit meiner Tochter gewissenhaft Französisch sprach.

Ich hatte mir immer eingebildet, ich käme überall und mit allen
Menschen zurecht. Und Französisch sprach ich mindestens so gut wie
die Einheimischen. Aber mir wurde zum Nachteil ausgelegt, dass ich
alte Gemüsesorten und Kräuter auf Französisch benannte, die sie noch
nie gesehen hatten. Außerdem sei es unmöglich, auf dem Tessenberg
die Kartoffeln schon im März zu pflanzen. Als sie dann sahen, wie viel
größer meine Knollen waren, munkelten sie, ich arbeite mit unlaute-
ren Mitteln. Als sich auch noch herumsprach, dass ich für Zeitungen
arbeitete und einen Hochschulabschluss hatte, wollte erst recht
niemand mehr mit mir verkehren.

Ich tröstete mich damit, dass es anderen Deutschschweizern auf dem Tessenberg ähnlich erging. Ich hörte von einem, der seit zwanzig Jahren ein guter Steuerzahler war, und als er sich dann einmal erdreistete, im Gemeinderat das Wort zu ergreifen, wurde ihm beschieden, Ausländer und Sozialfälle hätten hier nichts zu sagen. Früher sei am Wochenende auch die Straße zum Nachbardorf gesperrt worden, hieß es. Die jungen Leute sollten unter sich bleiben, am Ende noch ins Nachbardorf heiraten – nein, das kam nicht infrage.

Unser Herbert sei ein Berner Bär, hieß es außerdem, und wir müssten uns nicht wundern, sollten mal Steine in die Scheibe fliegen. Der Holzbär, der so hübsch und friedlich vor dem Haus stand, musste also ins Exil, ein Berner Bär im politisch umkämpften Berner Jura, unmöglich. Also stellte ich ihn ins Internet, und schließlich wurde er von einem Antiquitätenhändler aus dem Graubünden gekauft, der ihn vor seinen Laden stellte, am Eingang des Nationalparks, wo die Bären geschützt waren. Abgeholt wurde er mit einem ausgedienten Krankenwagen aus Mailand, den der Antiquitätenhändler außen umgespritzt, innen aber originalgetreu belassen hatte. Der Bär wurde auf der Liege festgeschnallt.

„Hast du ihn mal besucht?"

„Wahrscheinlich ist er in der Zwischenzeit zerbröselt, er war schon damals morsch gewesen. Und nein, ich hätte auch gar keine Zeit gehabt, so weit zu fahren."

Nachdem der Bär gerettet war, kümmerte ich mich um die Kaninchen. Sie taten mir leid in ihren kleinen Ställen, die wir von den Vorbesitzern übernommen hatten. Ich baute ein großzügiges Auslaufgehege, meine Tochter sollte sehen, wie gut es die Tiere hatten. Es gab sogar eine Streichelzoo-Abteilung, in der man sie anfassen konnte.

Auch sonst war ich voller Idealismus, trotz des rauen Winds, der mir entgegenblies. So schnell wollte ich mich nicht entmutigen lassen. Ich änderte und verbesserte, setzte meine Träume vom Leben auf dem Lande in die Tat um. Ich hatte ja schon in Irland John Seymour gelesen, ich wusste im Prinzip, wie man einen Fasan rupfte oder einen Hasen ausnahm. Immer wieder hatte ich die charmanten Zeichnungen in „Das große Buch vom Leben auf dem Lande" studiert, auf

denen gezeigt wird, wie man ein Huhn schlachtet oder wie man Karotten mit Sand in ein altes Fass schichtet. Damals in Irland hatte ich
mich auf den Garten beschränkt, hatte Gemüse angebaut, bis mir vor
lauter Salat und Kohl die Ohren wackelten. Aber das Schafezüchten
hatte ich den Nachbarn überlassen.

Nun hatte ich nebst Kaninchenställen auch einen Hühnerhof und
eine große Voliere. Hühner und ein paar Fasanen und Wellensittiche
waren schon da. Ich kaufte zwei Pfauen dazu, von denen der eine nur
eine Woche später verstarb. Der einzige Nachbar, der uns helfen
mochte, weil seine Frau bei uns putzte, teilte den toten Pfau in zwei
Stücke, damit er in die Gebühren-Müllsäcke passte und unauffällig an
den Straßenrand gestellt werden konnte. Ich kaufte Enten und Wachteln
und besuchte die Treffen des Kleintierzüchtervereins. Aber die Kaninchen vermehrten sich ohnehin von selber. Und die Züchter nutzten
ihre Treffen hauptsächlich zum geselligen Biertrinken und Würste-
braten. Ich aber suchte Information. Ich wollte seltene Himalajafasanen
züchten, japanische Zwergwachteln, ich träumte von weißen Pfauen.
Ich kümmerte mich um den Garten, ich kümmerte mich um die
Vögel, ich half dem Nachbarn beim Kaninchenschlachten. Kaninchen
nicht mehr gut, sagte meine Tochter, als wir ihnen das Fell abzogen.
Und der Nachbar erzählte mir nebenbei, wie man einen Fuchs
zubereitet. Offenbar musste man ihn zwei Wochen in die Erde ein-
graben, dann würde sein Fleisch nicht mehr stinken. Das nahm ich
dankend zur Kenntnis.

Ein Jahr später folgte die Ernüchterung. Meine Tochter gedieh
prächtig, wohl nicht zuletzt dank der Pommes und Schokoriegel, die
ihr Vater ihr bei jeder Gelegenheit kaufte. Gemüse aß sie nur noch,
wenn ganz viel Butter drauf war. Aber das war jetzt nur noch in
zweiter Linie wichtig. In erster Linie zählte, etwas Zeit zu finden, um
mit ihr zu spielen. Das Spielzeug war nun überall, ein buntes Chaos,
als hätte eine riesige Tischbombe über Nacht all die Plüschtiere und
Puzzleteile ausgespuckt.

Doch der größte Schock als junge Mutter waren nicht die schlaflosen
Nächte, nicht die mit Karottenbrei vollgekleckerten weißen Lieblings-
blusen, nein, der eigentliche Kulturschock war rein ästhetischer Natur.

Die ersten Monate ging noch alles gut, das Baby war geschmackvoll in Weiß und Rosa gekleidet, dazu etwas Beige und das eine oder andere adrette Jäckchen, das meine Tante gestrickt hatte. Aber dann – es geschah so um den zehnten Lebensmonat meiner Tochter herum, als sie das Gehen entdeckte –, dann brach praktisch von einem Tag auf den anderen eine Spielzeuglawine über mein so wohlgeordnetes, so geschmackvoll arrangiertes Leben herein, ein ästhetischer Affront ohnegleichen. Spielsachen in allen Farben, Spielsachen überall, wohin das Auge reichte, lauter Dinge, die das wohlerzogene Auge beleidigten. Mir war klar, dass sich aufregen nichts nützte. Ich musste umdenken. Und zwar schnell. Das bunte Chaos annehmen, all die regenbogenfarbenen Plastikponys und die Bauklötzchen und die endlose, in Pink und Glitzer gekleidete Puppenschar in mein Leben integrieren. Anders würde ich die nächsten Jahre nicht überstehen. Ich fing mit der Terrasse an, hängte ein rosarotes Moskitonetz in die Balken. In einer Schale arrangierte ich bonbonfarbene Lewisien, in Töpfchen pflanzte ich Maßliebchen und Primeln. Alles, was bunt war, passte immerhin zum herumliegenden Spielzeug. Im Handumdrehen wirkten die Puppen, als wären sie Teil des Gesamtkonzepts. Dazu kamen noch Gießkannen in allen Regenbogenfarben. Fertig war die „Terrasse der Prinzessin".
Und die Prinzessin kam, staunte und kniete sich vor den Lewisien nieder. „Blüemli, Blüemli", flüsterte sie und riss eins ums andere ab, um den Puppen einen bonbonfarbenen Brei damit zu kochen.
Auch die Vergissmeinnicht, die ich in ein Körbchen gepflanzt hatte, wurden, nachdem sie eingehend bestaunt worden waren, in ihre Einzelteile zerlegt. Mit größter Sorgfalt zupfte meine Tochter die Blüten ab, untersuchte jede Einzelne und legte sie in einer Reihe aus. Und dann nahm ich den Rasen in Angriff, die letzte ruhige Fläche, die dem Auge noch Entspannung bot. Ich hätte es nie für möglich gehalten, aber tatsächlich stand ich eines Morgens – meine Tochter war gerade mal vierzehn Monate alt – mit dem Spaten im Garten und grub ein Loch, ein ziemlich großes, denn ich wollte die kleine Wippe, die ich für zehn Franken auf dem Flohmarkt ergattert hatte, ordentlich einbetonieren, damit sie nicht kippte.

Schon bald musste ich zugeben: So eine Wippe war eine ganz prima Erfindung. Sie wirkte wie ein Magnet auf meine Tochter und ihre kleinen Besucher. Was waren schon Englische Rosen und komplizierte Staudenbeete im Vergleich zu einer Wippe! Diese rosarote Schaukel war fortan der absolute Höhepunkt in meinem Garten. Hätte ich mehr Platz gehabt, dann hätte ich wohl auch noch eine Rutsche einbetoniert. Ein altes Jahrmarktkarussell wäre natürlich der Hammer gewesen, aber dafür war der Rasen leider doch zu klein. Das heißt, wenn ich die Rosenbeete geopfert hätte, wäre es vielleicht möglich gewesen. Aber dazu fehlte mir zum Glück die Zeit. Überhaupt musste ich auch endlich etwas Zeit finden, um zu schlafen.

„Ja, lass uns schlafen gehen. Langsam wird es doch kühl hier draußen." Wir zündeten uns eine letzte Zigarette an und schlangen die Decke enger um uns. Ein Schluck Wein war noch übrig.

Das Freilaufgehege der Kaninchen war doch nicht so solide, wie es schien. Erst einmal buddelten die Langohren dermaßen, dass ich bald jeden Tag junge Kaninchen einfangen musste – immerhin eine ganz interessante Sportart, mit viel Bücken und Durch-die-Büsche-Kriechen, viel besser als jedes Fitnessstudio. Schließlich wurde es mir aber zu blöd, und ich grub die Drahtgeflechte so weit in den Boden ein, dass die Gehege ausbruchsicher schienen. Doch der Eindruck täuschte. Sie waren vielleicht ausbruchsicher, aber keinesfalls einbruchsicher – jedenfalls nicht für eine hungrige Fuchsmutter mit zwei halbwüchsigen Jungen. Und so waren eines Morgens die Kaninchen alle weg – bis auf das Männchen, das ein eigenes Gehege hatte. Es hatte alles mit ansehen müssen und darob wohl einen Herzinfarkt erlitten. Wenig später wurde mein geliebter Kater vom Fuchs gefressen. Auch sonst wuchs mir das Ganze langsam, aber sicher über den Kopf. Der Rasen verwandelte sich in eine struppige Wiese, meine Pelargoniensammlung litt unter Hunger und Durst, die Tomaten im Gewächshaus gaben nach und nach den Geist auf. Der Ententeich war nur noch eine trübe Schlammbrühe, und die Hühner saßen alle beim Brüten, statt Eier zu legen. Ich war schlicht zu müde, um sie jeden Morgen aus den

Nistkästen zu scheuchen. Derweil machten sich die Fasanenmännchen über die frisch geschlüpften Küken her, und der verbleibende Pfau fraß alle Wellensittiche. Die Weiden dorrten in der Sommerhitze, das Gemüse schoss auf. Meine Tochter aß alle grünen Erdbeeren auf, weil sie die roten unter dem Unkraut nicht finden konnte. Ich wusste nicht mehr, wo beginnen und was zuerst anpacken. Mich plagte der Hexenschuss, schlimmer denn je. Ich saß fest, gefangen im Reich meiner Gartenträume.

Mein zweiter Mann hielt sich aus dem Ganzen heraus. Den Garten hatte er sich als nette Nebenbeschäftigung vorgestellt, im Alltag fehlte ihm jedoch die Ruhe, sich darauf einzulassen. Während die Bäume voller Obst standen, kaufte er an der Tankstelle *Granny-Smith*-Äpfel aus Südafrika. Er sagt, er wolle endlich wieder „richtigen" Spinat essen, also gefrorenen Rahmspinat aus dem Supermarkt. Das eigene Gemüse war ihm längst verleidet.

Im Grunde interessierte der Garten ihn nicht, und langsam dämmerte mir, dass auch ich ihn nicht interessierte. Er hatte nur noch Augen für unsere Tochter, die er mit Liebe überhäufte, doch er nahm sie nicht als eigenständige Person wahr, so wie er mich nicht wahrnahm, wie er bald nichts mehr wahrnahm außer der Arbeit und dem Weinkeller. Abermals griff ich auf die Pflanzenwelt von Derek Jarman zurück. Wo schon alles aus dem Ruder lief, wollte ich wenigstens das Meer in meinen Garten holen, nicht mehr und nicht weniger. Nieder mit den Alpen – freie Sicht aufs Mittelmeer! Ich zog *Crambe maritima* (Küsten-Meerkohl), *Armeria maritima* (Grasnelken), Meerspargel (Salicornia) und Meerfenchel (*Crithmum*). In alten Waschzubern hielt ich Seerosen, sie führten meine Sehnsucht ins Absurde.

Ich flüchtete ans Wasser.

In der Taubenlochschlucht streute ich Tabak in die Fluten. ....◄

Ein gestrandetes Schiff

▸............................ Am nächsten Morgen sitzen wir wieder auf der
Terrasse. Wir blinzeln in die Sonne, trinken Espresso. Erst jetzt fallen
mir die gestreiften Pfähle auf, die in allen Farben aus dem Kanal
ragen.
„Das wären gute Bohnenstangen", sage ich, und fotografiere sie. Und
dann streue ich etwas Tabak in den Canal Grande.
Mein Liebster fragt, was es damit auf sich habe.
„Damals in der Taubenlochschlucht hat der Zauber geholfen", erzähle
ich. „Schon am nächsten Tag kam Bewegung in die verfahrene Sache.
Zwei junge Kätzchen wurden mir geschenkt. Ich taufte sie Ping und
Pong. Und nur einen Tag später wurde mir das Häuschen in Biel
angeboten."
„Einfach so?"
„Die hintere Hälfte des Hauses hatte zwölf Jahre leer gestanden.
Vielleicht hatte es schon die ganze Zeit auf mich gewartet. Aber ich
war noch nicht bereit gewesen, es zu sehen."
„Und dann bist du gleich umgezogen?"
Noch am selben Abend habe ich mit meiner Tochter im Schlafsack
dort übernachtet. Toilette und Dusche funktionierten, den Gasherd in
der Küche konnte ich wieder anschließen. Ansonsten war das Haus in
einem desolaten Zustand. Wände und Fenster waren schwarz vor Ruß.
Der Kamin leckte. Alles war mit Teppichen zugeklebt, die mieften und
bröselten. Ich bat die Putzfrau vom Tessenberg, mir zu helfen. Sie
schaute sich das Haus an und sagte, das sei unmöglich, das könne man
nicht mehr instand stellen, und ging wieder. Den ganzen Winter über

Diesen Pfählen fehlt nur noch die Farbe, dann sind wir fast in Venedig ...
Lavendel im Topf am Bielersee.

habe ich an dem Haus gearbeitet, zum Glück hatte ich Freunde, die
mir halfen. Wir haben Tapeten abgekratzt und Wände verputzt, wir
haben Teppichkleber weggeschabt und die Holzböden geölt, wir haben
tapeziert und gemalt.

Als der Frühling kam, sah das Häuschen nett und freundlich aus,
und ich wandte mich dem Garten zu, um den sich zwar der alte
Mann in der anderen Haushälfte gekümmert hatte, der aber mit
seinen Edelrosenbeeten, Thujenhecken und Rhododendren meinen
Vorstellungen nicht gerade entgegenkam. Ich entfernte alles, was
mir nicht passte, ich schaufelte Mist auf den ausgelaugten Boden,
bereitete Gemüsebeete vor. Ich pflanzte meine Rosen und Kräuter
und säte dazwischen jede Menge einjähriger Blumen. Ich stellte
ein drei Meter langes Schiff in den Garten, das ich im Schaufenster
eines großen Warenhauses gesehen hatte. Es wurde zum Spielschiff
für meine Tochter. Die kleine Teichschale, die unter den Rhododendren gelegen hatte, grub ich vor dem Schiff ein, und füllte sie
mit Wasser.

„Das Meer!“, sagte meine Tochter.

Sie kletterte auf das Schiff und hielt Ausschau nach Delfinen.
Nachmittagelang stand sie mit ihren Freunden an Deck, sie waren
Kapitäne, Piraten und spielten den ganzen Sommer auf dem Schiff.
Als Zitat wurde die Sehnsucht nach dem Meer erträglich.

Ich holte meine alten Bojen aus Irland hervor. Damals in Donegal
hatten sie ein eigenes Sonnensystem gebildet. Einige hatten mir
Freunde von Spaziergängen mitgebracht, andere hatte ich selbst
gefunden, einige sogar noch aus Aluminium, und einen Korb voller
Glasbojen hatte ich auch gesammelt. Für das Sonnensystem aber hatte
ich bunte Bojen aus Kunststoff gebraucht. Ich spießte sie auf Stöcke
und pflanzte sie in die Rabatte, wo sie mich an einen Planetenweg
erinnerten, den ich als Kind abgewandert war. Sonne, Mond, Mars und
Venus schwebten über meinen Pflanzen, unwahrscheinlich schwer auf
den dünnen Bambusstöcken und auch ein bisschen bedrohlich: Ob
ich ihrer Umlaufbahn vertrauen durfte? Würden sie beim nächsten
Windstoß die Vergissmeinnicht zertrümmern? Im Schuppen hatte ich
eine rostige alte Sichel gefunden, die ich als Mond zu meinen Plane-

ten ins Beet gesteckt hatte. Der irische Garten war damals zu meinem eigenen Universum geworden.

In Biel nun wurde die Sonne zum Hund. Meine Tochter war begeistert von der großen schweren Boje, an der noch eine ausgefranste Kordel hing, die als Leine diente. Sie schepperte mit ihr die Gartenwege auf und ab, ein schwerer, polternder Hund, der reihum dem Rosenkohl die Köpfe abschlug, die Kosmeen knickte. Wochenlang zog sie die laut scheppernde Boje hinter sich her, wohin wir auch gingen. Sogar ins Kunstmuseum kam der Hund mit, wo ich um die Werke fürchtete, denn der Hund gehorchte in keiner Weise. Er sprang in alle Richtungen, hob sein Bein, hüpfte lärmend durch die Museumshallen. Der Hund hatte keinen Namen, darum konnte man ihn auch nicht zur Ordnung rufen.

Der Hund hat Durst, sagte sie schließlich und warf ihn ins „Meer". Im Teich dümpelte er vor sich hin und setzte schließlich Algen an.

Im Frühling zogen unsere Nachbarn ins Haus am anderen Ende des Gartens ein, das ebenfalls zur Hälfte leer gestanden hatte. Gemeinsam entfernten wir die Thujenhecke. Endlich Luft, der Garten auf einen Schlag verdoppelt, ja, das war ein Befreiungsschlag. Nieder mit den alten Hecken!

Ich träumte von einem symbolischen Apfelbaum, dessen Früchte wir teilen würden. Ein Garten ohne Apfelbaum scheint mir einfach unvollständig. Natürlich sind Apfelbäume am schönsten als Hochstämme, umgeben von Wiesen, in denen Narzissen blühen.

Auf einem Setzlingsmarkt habe ich ihn dann gefunden, meinen Apfelbaum. Ja, ich habe mich in ihn verliebt. Ich wusste gleich: den will ich und keinen anderen, noch bevor ich das Namensschild gelesen hatte. Seine Form war so elegant, die Anordnung seiner Äste, die schiere Größe auch, das gesunde Laub. Und die Blüten! Er stand in voller Blüte, als ich mich in ihn verliebte. Dass er von der Länge her genau der Größe meines Subaru Forester entsprach, von der Frontscheibe bis zum Heck, erachtete ich als gutes Omen. Der Baum wurde gekauft. Das war ein bisschen so, als würde man ein Pferd kaufen, wenn man in einem Reihenhaus wohnt, vernünftig jedenfalls nicht. Aber Vernunft war noch nie meine Stärke.

Die Nachbarin schaute etwas skeptisch, als ich den Baum vom Parkplatz herüberschleppte, fragte, was wir denn tun würden, falls er zu
groß werde, falls die Äste dereinst von Haus zu Haus reichen und alles
in den Schatten stellen würden. Was wir tun würden, falls die Besitzer
unserer Häuser Einwände hätten, was wir tun würden, wenn wir
einmal nicht mehr hier wohnten, was wir tun würden, falls dieses
und falls das? Tja, sagte ich, das sehen wir dann. Ich habe in meinem
Leben schon etliche Apfelbäume gepflanzt, fügte ich dann noch an,
ich habe sie nicht gezählt. Und ich habe nie nachgefragt, wie viele
davon noch stehen, ob sie ordentlich geschnitten und gepflegt
wurden oder ob einer von ihnen bereits gefällt wurde, ich will es
gar nicht wissen.

Alles, was ich tun kann, ist, einen schönen, gesunden Baum zu
pflanzen, und zwar so gut, dass er ordentlich anwächst und sich
entfaltet. Und gut nach ihm zu schauen, solange ich da bin. Da mir
meine Gärten eigentlich nie gehören, liegt alles Weitere nicht in
meiner Hand.

Ich holte meinen Spaten und hob die Pflanzgrube aus. Wir hievten
den Baum ins Loch, wässerten ihn ausgiebig. Und dann freuten wir
uns erst einmal, dass er da war. Ja, er sah prächtig aus, er verlieh
unseren Reihenhausgärtchen auf Anhieb eine ganz neue Dimension.
Durch den Apfelbaum kehrte eine Art neuer Ernsthaftigkeit ein
zwischen den Arbeiterhäuschen und den Blöcken gegenüber, etwas
Bleibendes im ansonsten durchweg Provisorischen.

Dem Schildchen nach handelt es sich um eine *Ananas Reinette*.
Obstbäume sind ja ein beliebtes Gebiet für Besserwisser. Ich habe, das
räume ich großzügig ein, keine große Ahnung von Obstbäumen, aber
einen Baum zu pflanzen, dessen Früchte ich nicht kenne, das finde
ich umso spannender! Obstbaumsorten-Bestimmungsbücher und
Fachliteratur zum korrekten Baumschnitt hingegen kommen auf

*Apfelbäume schneiden ist eine Kunst, aber die Mühe lohnt sich. Sie blühen
dann umso üppiger.*

meiner Interessenskala kurz nach Thujenhecken und Rasenmähern, ich nehme an, die werden eh nur für Männer gemacht, so wie sie aussehen.

„Schneidest du deine Obstbäume denn nicht?"

„Ich habe einen Kollegen, der das viel, viel besser hinkriegt als ich. Außerdem habe ich Höhenangst."

„Wenn du willst, klettere ich für dich auf die Leiter."

Der Baum ist ja noch so klein! Es dauert sicher noch zehn Jahre, bis man eine Leiter braucht, um die Äpfel zu pflücken. Aber ja, dann darfst du gern auf die Leiter steigen! Und bis dahin schaue ich jeden Tag aus dem Küchenfenster und freue mich, egal, ob der Baum hier groß und alt werden darf oder nicht. Eigentlich interessiert mich nur der Moment – an einem milden Frühsommermorgen mit einer Tasse Kaffee neben unserem neuen Apfelbaum zu sitzen und zu denken, wie schön der doch ist, wie schön der Morgen ist, wie gut das Leben. Mehr zu erwarten wäre wohl vermessen. Ich freue mich jeden Tag über den Baum, ich werde mich jeden Tag freuen, solange ich in dem Gärtchen in Biel bin und er auch.

„Ja, der Apfelbaum ist schön", sagt mein Liebster. „Und wenn du mal umziehst, kannst du ihn ja mitnehmen."

„Die ersten zwei, drei Jahre kann man junge Bäume noch ganz gut verpflanzen."

„So lange willst du noch in deinem Häuschen bleiben?"

„Wir werden sehen. Komm, ich hole uns noch einen Kaffee. Ein Teller mit Keksen dazu? Die mit den Sternen drauf?"

„Und das Schiff, würdest du das auch mitnehmen, wenn du wieder umziehst?"

„Das fällt eh schon auseinander. Und eigentlich will ich auch gar nicht ausziehen, wie sind wir überhaupt darauf gekommen?"

„Du hast damit angefangen, du mit deiner Sehnsucht nach Wasser."

Letzten Frühling redete der Nachbar von einem Schwimmteich, den er anlegen wollte. Ja, das hätte mir gefallen, ein See mitten in diesem miefigen Quartier voller Thujen und Gartenzwerge. Er würde den Teich selber ausbaggern, bot er an. Ich sagte, ich würde mich an den Kosten beteiligen. Doch der Hausbesitzer legte sein Veto ein.

„Hast du die Brombeerranken gesehen, die aus dem Schiff herauswachsen?"

„Ja, und der Hauptmast ist auch geknickt. Ich würde die Kinder nicht mehr darauf herumklettern lassen."

„Ich sollte die Segel entfernen, sieht ja schlimm aus, wie sie nun so als angegraute Lumpen von den Seilen hängen. Überhaupt habe ich langsam genug vom Garten."

„Eben hast du noch gesagt, du willst eine Weile dort bleiben."

„Langsam gewöhne ich mich an die Wochenenden bei dir im Hochhaus, ich genieße deine Terrasse mit Blick über die Stadt, nur Beton und ein großer Himmel und in der Ferne der See. Das war so schön letzten Herbst, wie wir den Gewittern zugeschaut haben, wie die Blitze in den See schossen. Und wenn wir der aufgehenden Sonne zusehen, dem Nebel, der sich über der Taubenlochschlucht lichtet. Der Himmel, das Wetter, die Ruhe. Auf deiner Terrasse im neunten Stock bin ich nicht verantwortlich für das, was vor dem Fenster geschieht, ich habe das Gefühl, wirklich frei zu haben, und das ist gut."

„Ohne deine Pflanzen könntest du gar nicht leben", sagt er, „ich bin sicher, dir wird ein neuer Garten zufliegen, wenn du dereinst ausziehst!"

„Vielleicht brauche ich nun keinen mehr", sage ich. „Meine Gärten waren ja immer Ersatz für das Glück, das ich sonst nicht fand. Seit ich dich kenne, habe ich den Garten vernachlässigt. Eigentlich interessiert mich jetzt nur noch die Hollywoodschaukel, mit dir in der Hollywoodschaukel liegen, ins Feuer schauen und dem Mond zusehen, wie er über dem Wald aufgeht."

„Du brauchst Freizeit", sagt er, „du arbeitest ja auch so viel für anderer Leute Gärten, das reicht doch eigentlich."

„Vielleicht brauche ich selber gar keinen Garten mehr!"

Ich erschrecke, als ich diese Worte laut ausspreche, gedacht habe ich sie in den letzten Monaten schon mehrmals. Gedacht – und gleich wieder verworfen. Zu stark habe ich mich seit zehn, fünfzehn Jahren mit meinen Gärten identifiziert. Ich bin eins geworden mit dem Garten.

„Komm doch zu mir", sagt er.

Ich schaue ihn verdutzt an.

„Dann kannst du in Ruhe an deinen Büchern arbeiten", fügt er an.
Wir sitzen auf der Terrasse unseres Hotels, trinken noch einen
Espresso und knabbern an den italienischen Keksen mit den
Sternen drauf. Ich stelle mir vor, wie es wäre, auch im Alltag einen
Ausblick zu haben, für den ich nicht verantwortlich bin. Und Zeit
zum Schreiben.
Ich schweige und streue noch mehr Tabak in den Canal Grande.
Plötzlich fragt er, was es eigentlich mit den Katzen auf sich habe.
„‚This is really happening, happening' – kennst du das Lied von
Radiohead? Das habe ich damals gehört, als ich mit meinem ersten
toten Kater im Kofferraum durch die irischen Hügel gefahren bin. "

Der Ginster blühte, die gelben Hügel, die sehe ich so deutlich, wie
ich das Lied in meinem Kopf höre. Alles war saftig und grün und
voller Leben, in den Gärten blühten die Osterglocken, und Bubi lag
steif und kalt in einer Kiste im Kofferraum. Sein Freund Pop hatte
tagelang am Fenster gesessen und mit feuchten Augen auf Bubis
Rückkehr vom Tierarzt gewartet. Pop war der einzige Kater, den ich
je habe weinen sehen.
Bubi war von einem wilden Tier getötet worden, von einem Nerz, der
aus einer Pelzfarm entflohen war. Er hatte es noch geschafft, seinem
Angreifer zu entkommen, er schleppte sich mit offener Kehle nach
Hause und versteckte sich in einem Papierkorb. Als ich seine Wunde
untersuchen wollte – ich konnte die pulsierende Luftröhre sehen –,
fauchte er dermaßen laut und wehrte sich so heftig, dass ich Hoffnung
schöpfte. Ich packte ihn in eine Kiste und lud sie in den Kofferraum,
um ihn zum Tierarzt zu bringen. Der verabreichte ihm Medikamente
und nähte die Wunde. Drei Tage lebte er noch in einem Käfig beim
Tierarzt, ich besuchte ihn jeden Tag, aber am dritten Tag war er trotz
aller Bemühungen tot. Ich machte mir Vorwürfe, dass er nicht bei mir
hatte sterben können, ich hätte ihn auf das Sofa betten und leise mit
ihm reden sollen, bis er entschlafen war.
Das Schicksal meiner roten Katzen wiederholte sich, als sei es ein
Omen, als ginge jedesmal eine Ehe in die Brüche, wenn mir ein roter
Kater verstarb. Wäre der Frühling in jenem Jahr auf dem Tessenberg

nicht so milde gewesen, hätte das Gras im Mai nicht schon so hoch gestanden – der zweite rote Kater, er hieß Gurnigel, würde vielleicht noch leben, und vielleicht wäre dann alles anders gekommen.

„Zum Glück ist es so gekommen!", sagt mein Liebster. „Auch wenn das natürlich sehr traurig ist mit deinen Katzen."

Sie hatten gekämpft. Es war nach elf Uhr abends gewesen, ich hatte noch an einem Text gearbeitet, als ich hinter dem Hühnerhof Tiere kämpfen hörte, ich dachte an Marder. Ich war aufgestanden und hatte aus dem Fenster gerufen, sie sollten verschwinden. Das müssen die letzten Worte gewesen sein, die Gurnigel hörte: Geht mal weg hier, verschwindet!

Am nächsten Morgen stand ich mit meiner Tochter im Arm auf der Terrasse, sah auf das wogende Feld hinter dem Hühnerhof und wartete, dass Gurnigel aus den Halmen hochspränge, dass er einen Schmetterling finge und dann zu uns auf die Terrasse käme, um meine Beine striche und sich wie jeden Morgen zu dem schlafenden Baby in die Wiege legte. Natürlich würde er nicht zurückkommen. Ich redete mir ein, dass die Schreie, die ich nachts gehört hatte, von den Mardern stammten, die sich um die tote Beute stritten. Ich wollte glauben, dass Gurnigel schon tot war, als ich aus dem Fenster geschrien hatte, sie sollten verschwinden. Ja, ich hatte Marder kreischen gehört. Aber ich hatte keinen Ton vernommen von meinem Kater. Der erste Marder musste ihm gleich an die Kehle gegangen sein. Die Nachbarn sagten, es sei der Fuchs gewesen. Das wollte ich keinesfalls wahrhaben. Füchse fraßen doch keine Katzen, schon gar nicht eine, die selbst aussah wie ein Fuchs.

Auch Bubi hatte ausgesehen wie ein Fuchs, das einzige rote Kätzchen aus der Brut von sechs, zwei von ihnen hatte mein damaliger Mann gleich erschlagen, weil wir befürchteten, für mehr als vier Kätzchen kein gutes Zuhause finden zu können. Wir hatten Bubi die Russenmütze genannt, weil er auf meinem Kopfkissen schlief und seinen Schwanz und seine Vorderfüße um mein Gesicht drapierte, er hatte ein hohes ästhetisches Empfinden, und gerade in der Wahl seiner Schlafplätze und Schlafpositionen ging er äußerst präzise vor. Ich habe nie einen Kater gekannt, der schöner schlafen konnte.

Gurnigel hatte immer etwas schief gewirkt, egal welche Position er
einnahm, und er konnte sich nur halbwegs zusammenrollen. Er hatte
einen gebrochenen Schwanz gehabt, als ich ihn im Tierheim fand, sie
mussten ihn in der Gittertür eingeklemmt haben, er war schwach und
abgemagert, und ein Auge war eitrig verklebt. Aber er erinnerte mich
an Bubi, und so nahm ich ihn mit. Ich wusch sein Auge aus und
fütterte und pflegte ihn. Auf meinem Kopfkissen hat er nie geschlafen,
er zog es vor, neben mir auf dem Tisch zu liegen, unter der wärmen-
den Lampe, und die Pfoten von sich zu strecken. Irgendwann ging er
dazu über, auf der Bettdecke zu schlafen. Jedoch biss er bei der Gelegenheit meinem zweiten Mann eifersüchtig in die Zehen, krallte nach
seinen Füßen, als wären es Mäuse. Schließlich wollte er den Kater
nicht mehr im Schlafzimmer haben, weil das eifersüchtige Tier Schlaf
und Beischlaf störte. Gurnigel musste draußen schlafen, wo er aber
eben nicht schlief, sondern Mäuse jagte und um den Hühnerhof schlich.
Offensichtlich hatte auch der Fuchs nächtliche Spaziergänge in
Richtung Hühnerhof unternommen. Mit der Zeit glaubte ich dann
die Version der Nachbarn, zumal es in der Gegend keine Hinweise auf
Marder gab. Noch immer denke ich manchmal, ich hätte Gurnigel
retten können. Wenn ich in jener Nacht sofort nach draußen gerannt
wäre, hätte ich den Fuchs vielleicht verjagen können. Wer weiß, ob ich
den Kater hätte in Sicherheit bringen können. Wenn ich in jener
Nacht in die englischen Landlordstiefel geschlüpft und nach draußen
geeilt wäre, vielleicht wäre dann alles anders gekommen.
Erst Tage später fand ich seine spärlichen sterblichen Überreste. Ich
holte den Spaten aus dem Schuppen und schaufelte ihm ein Grab. Für
Bubi hatte ich damals eine metertiefe Grube ausgehoben, ich hatte ihn
in ein warmes, sauberes Frotteetuch gewickelt, ein aprikosenfarbenes,
das zu seinem Fell passte, hatte den kalten, steifen Körper in das Tuch
gewickelt, bevor ich ihn im Garten der nassen Erde übergab.

Die Moor-Glockenheide (Erica tetralix) *blüht im Frühling auf sauren,
feuchten Böden.*

Ich sehe wieder die Hügel von Donegal vor mir, gelb vom Ginster, die gelben Frühlingshügel, die nach Kokosnuss duften, auch damals, als ich mit meinen Siebensachen auf dem Weg zum Flughafen war, mein Abschied wurde vom Gelb des Ginsters begleitet, Radiohead im Ohr, „This is really happening, happening". Sonnenstrahlen drangen durch die Nebelschwaden über den Moorseen, beleuchteten die blühenden Rhododendren an ihrem Ufer. Das Moor dampfte an diesem Morgen, und der Taxifahrer redete darüber, dass die Wiesen zu trocken seien für seine Schafe. Die Sonnenstrahlen vergoldeten die Narben, die die Torfstecher in der braunen Erde zurückgelassen hatten.

Der Wagen wiegte mich durch das Hochmoor, aus dem zart und weich die Nebelschleier aufstiegen, und ich fühlte nichts als Erleichterung.

Beschwingt checkte ich in Belfast ein. Ich war davongekommen, ich war frei. Doch jede Ecke des Flughafens erinnerte mich an einen Streit, es gab kaum einen Quadratmeter, kaum eine Sitzecke, eine Bar oder Bank, auf der wir uns nicht bei einer unserer Reisen angeschrien und gestritten hatten. Wie betäubt wandelte ich nun durch das Minenfeld, das meine erste Ehe gewesen war. Ich verließ den Mann, der die Liebe meines Lebens gewesen war, this is really happening.

Ich kaufte mir ein Sandwich, das nach Karton schmeckte, warf es weg. Ich schaffte es mit Mühe, einen Becher Kaffee zu trinken, der aber auch nach Karton schmeckte. In einem der Duty-Free-Shops kaufte ich mir einen Poncho, ein kamelfarbenes Zelt, unter dem ich verschwinden konnte.

Der Flug hatte mehrere Stunden Verspätung, aber niemand regte sich auf. „Wie Schafe!", hörte ich meinen Mann sagen und dachte, wie schön, dass sich niemand ereifert, wie schön, dass niemand flucht und herumschreit. Die Sonne schien, und die schweren irischen Wolken schoben sich über den Himmel von Belfast, sogar zwischen den Rollfeldern leuchteten die Wiesen grün. Noch einmal fuhr das irische Wettertheater seine Wolkenmassen auf die Bühne eines blaugewaschenen Frühlingshimmels. Dann wurde es grau, die Boeing rollte auf die Startbahn, und ein Regenvorhang schloss die Vorstellung. Der

Flieger drehte eine Kurve über der Bucht, ich schaute auf Meer und grüne Felder, hingewürfelte Flecken Land. Die Wolken zeichneten schwere Schatten auf die Wiesen, großen grauen Schafen gleich.

Ich dachte an Kater Pop, der geweint hatte, als ich ging.

Es würde andere Katzen geben in meinem Leben, das ahnte ich, es würde andere Männer geben, aber an das Glück wagte ich nicht mehr zu glauben. Ich reichte die Scheidung ein und versuchte, mich selber neu zu erfinden. Aber keine der Rollen, die ich für mich ausdachte, schien für mehr als einige Tage zu passen. Ich kaufte Handtaschen und Kleider, nur um sie ein paar Wochen später wieder zu versteigern. Ich hörte auf, Fleisch zu essen, und trank nur noch Wasser. Ich wollte alles verkaufen, was mir nicht lebensnotwendig erschien. Ich hörte auf, mich zu schminken, und aus dem Spiegel sah mir eine Fremde entgegen.

Abermals wandte ich mich dem Garten zu. Ich bepflanzte meine Hochbeete im Seegärtchen, säte Salat und Kräuter. Da alles kunterbunt durcheinandergemischt war, hielten sich Probleme mit Schädlingen und Krankheiten auf natürliche Weise in Grenzen. Je größer die Vielfalt, umso weniger Chancen haben Plagegeister, sich ungestört zu vermehren. Den ganzen Sommer über erntete ich eigenes Gemüse und genoss die Früchte meines Miniaturschlaraffenlandes: Über Monate hatte ich stets frischen Salat, Kräuter zum Würzen, Zucchini und Mangold sowie sonnengereifte Tomaten, Fenchel, Kohlrabi und Artischocken. Natürlich konnte ich auf so wenig Platz keine großen Mengen anbauen. Aber das war auch gar nicht nötig. Für mich zählte die Vielfalt: von allem, was ich gern aß, zog ich ein wenig. Die ersten frisch ausgegrabenen Kartoffeln feierte ich als Delikatesse. Die Erbsen wurden gleich im Gärtchen aus den Schalen gepellt und roh gegessen, so süß schmeckten sie. Dann waren eben keine mehr übrig für die Küche. Auch die Erdbeeren haben es nie bis auf den Dessertteller geschafft. Aber das machte nichts. Direkt von den Stauden gepflückt, haben sie umso besser geschmeckt.

„So ein Seegärtchen würde mir auch gefallen", sagt mein Liebster, „warum hast du es überhaupt weggegeben? Es hört sich an, als hätte es dir von allen am besten gefallen."

„Es wäre zu gefährlich gewesen mit dem kleinen Kind. Auf zwei Seiten von Wasser umgeben, nichts war eingezäunt, ein morscher Bootssteg und von den Algen glitschige Treppen."

„Würdest du es denn noch einmal wiederhaben wollen?"

„Ach was, ich brauche gar kein Gärtchen mehr!"

„Wie meinst du das? Du hast doch deinen Garten in Biel."

„Wir kommen zu dir."

„Deine Tochter hätte ihr eigenes Zimmer."

„Das ist gut."

„Und die Hollywoodschaukel? Was machen wir mit der Hollywood-schaukel?"

„Dafür finden wir einen neuen Platz." ....◄

In den kleinen Hochbeeten gedeihen diverse Gemüse, Kräuter und Salate. Dem Fenchel ist es besonders wohl am See.

Epilog

▶............................ Sorgfältig graben wir die *Ananas Reinette* aus, binden die Äste des Apfelbaums zusammen und zwängen ihn ins Auto. Wir graben die *Rose de Resht* aus, hieven sie in den Kofferraum. Es ist die einzige Rose, die wir mitnehmen. Dafür kommt die große Glyzine mit, sie wird den Zaun zum See einkleiden. Wir laden einen alten Tisch und zwei Stühle ein, Gießkannen, eine Kiste mit Laternchen, ein paar Decken, dann ist das Auto voll.

Zweige im Gesicht und Erde unter den Fingernägeln, fahren wir zusammen nach Twann. Gemeinsam pflanzen wir die Rose, den Apfelbaum, die Glyzine. Wir holen Wasser aus dem See, gießen alles gut an. Um den Stamm der *Ananas Reinette* wickeln wir Hühnerdraht. Den Apfelbaum, den ich vor acht Jahren an dieser Stelle gepflanzt hatte, haben die Biber gefällt. Nur ein abgenagter Stumpf steht noch da. Auch dem Feigenbaum, der arg angenagt ist, verpassen wir einen Drahtkragen.

Dann stellen wir den Tisch auf und setzen uns eine Weile. Noch weht eine kalte Brise, aber die Sonne scheint, die Alpen stehen klar am Winterhorizont. An der *New Dawn* über dem Torbogen leuchten Hunderte von Hagebutten, weil niemand sie mehr geschnitten hat, rot und saftig stehen sie vor dem klaren Himmel. Und in den Beeten lugen ein paar irische Schneeglöckchen aus dem gefrorenen Boden.

„Wollen wir die Hollywoodschaukel hier am See aufstellen?"
„Dann haben meine Blumen aber keinen Platz mehr ..."
„Oder wir bauen ein Gartenhäuschen!"

Im Frühjahr hüllen blaue Glyzinen (Wisteria sinensis) *das Twanner Seegärtchen in eine intensive Duftwolke.*

„Ein bunt bemaltes Hüttchen wäre schön. Dann könnten wir die blaue Bank davorstellen."

„Wie wäre es mit einem kleinen Kiesplatz und feinem knirschendem Kies auf den Wegen, damit deine Pflanzen gut zur Geltung kommen?" Wir werden sehen, sage ich und mache mich daran, die Quadratbeete zu jäten. Die Holzlatten sind verwittert, aber immer noch intakt. Lavendel und die mehrjährigen Edelwicken haben alles überwuchert. Wie groß das Gärtchen jetzt wirkt, kahl und nackt in der untergehenden Wintersonne. Die Bise ist eisig, aber noch wollen wir nicht gehen. Wir holen die Decken aus dem Auto, hängen Laternchen an die Geländer. Mit den angeschwemmten Ästen, die überall herumliegen und gut getrocknet sind, weil der See im Winter tief steht, machen wir ein Feuer. Lange sitzen wir auf den wackligen alten Stühlen bei der Glut, trinken, in Wolldecken gehüllt, Prosecco aus der Gegend um Venedig, schauen in die Sterne, schmieden Pläne. ....◄

Biel, im Juni 2012

Danksagung der Autorin:

Ich danke den Mitgliedern der „Donegal Garden Society" und meinen irischen Nachbarn und Freundinnen, die ihr gärtnerisches Wissen und ihr Pflanzenmaterial großzügig mit mir geteilt haben, insbesondere Joan, Beate, Elizabeth, Vera, Anne, Maureen, Eileen, Frank, Silke und Jens sowie Patrick, dem größten Fan meines damaligen Gemüsegartens.
Ich danke Ruth, die mich das Häuschen ihrer Mutter in Biel bewohnen und ihren Garten bebauen lässt. Ich danke meinen Bieler Nachbarn Godi und Hilda, Renate und Florin, sie waren die besten Nachbarn der Welt.
Und ich danke Annelise, die mir das Seegärtchen in Twann wieder zur Verfügung stellte. Ich danke Edwin, der mir auf dem Tessenberg und auch später in Biel tüchtig geholfen hat, und Luis, der in Biel mithalf, das Haus zu renovieren. Besonders danke ich meiner Tochter Jeanne Rose für ihre Geduld und dafür, dass sie mit viel Neugier und Freude im Garten und bei den Fotos mithilft. Und das größte Dankeschön geht an Yves, für alles.

Biel, Juni 2012, Sabine Reber

Danksagung des Fotografen:

Ich danke meiner Nachbarin Sonja, auf deren Balkon die schönsten Petunien blühen. Ich danke meiner Schwester Barbara, in deren wunderbarem Garten ich immer wieder gerne fotografiere. Und vor allem danke ich meinen Kindern Ana und Pablo für ihre Geduld und ihr Verständnis für meine Arbeit.

Biel, Juni 2012, Stöh Grünig

Impressum

© 2012 Verlag Georg D.W. Callwey GmbH & Co. KG
Streitfeldstraße 35
81673 München
www.callwey.de
E-Mail: buch@callwey.de

Bibliografische Information der Deutschen Nationalbibliothek:
Die Deutsche Nationalbibliothek verzeichnet diese Publikation in der
Deutschen Nationalbibliografie; detaillierte bibliografische Daten
sind im Internet über http://dnb.d-nb.de abrufbar.

ISBN 978-3-7667-1978-2

Lektorat: Wolfgang Funke, Augsburg; Annika Krummacher, München
Umschlaggestaltung: independent Medien-Design, München
Satz: Vanessa Große, München, unter Verwendung eines Layouts
von Claudia Eder, Augsburg
Druck und Bindung: freiburger graphische betriebe, Freiburg

Printed in Germany

Bildnachweis: Alle Bilder stammen von Christoph Stöh Grünig, Biel.